WORKBOOK

PREPARED BY

José B. Fernández
UNIVERSITY OF CENTRAL FLORIDA

¡ARRIBA!

Comunicación y cultura

SECOND EDITION

Eduardo Zayas-Bazán
EAST TENNESSEE STATE UNIVERSITY

Susan M. Bacon
UNIVERSITY OF CINCINNATI

José B. Fernández
UNIVERSITY OF CENTRAL FLORIDA

PRENTICE HALL
Upper Saddle River, New Jersey 07458

To Jack and Barbara Johnson

President: J. Philip Miller
Associate Editor: María F. García
Editorial Assistant: Heather Finstuen

Senior Managing Editor: Deborah Brennan
Cover Design: Elizabeth Calleja
Cover Illustration: Matt Walton
Illustrations: Andrew Lange
Manufacturing Buyer: Tricia Kenny

©1997 BY PRENTICE HALL, INC.
A VIACOM COMPANY
UPPER SADDLE RIVER, NEW JERSEY 07458

Printed in the United States of America
10   9   8   7   6   5   4   3

ISBN   0-13-570235-6

Prentice Hall International (UK) Limited, *London*
Prentice Hall of Australia Pty. Limited, *Sydney*
Prentice Hall Canada Inc., *Toronto*
Prentice Hall Hispanoamericana, S.A., *México*
Prentice Hall of India Private Limited, *New Delhi*
Prentice Hall of Japan, Inc. *Tokyo*
Prentice Hall of Southeast Asia Pte. Ltd, *Singapore*
Editora Prentice Hall do Brasil, Ltda., *Rio de Janeiro*

Contents

Hola, ¿qué tal?

¡Así es la vida!

1-1 Saludos y despedidas. Reread the conversations on page 3 of your textbook and indicate whether the statement is true **C** (**cierto**) or false **F** (**falso**). If a statement is false, cross out the incorrect information and write the correction above it.

1. El señor se llama Jorge Hernández.		C	F
2. La señorita se llama Elena Acosta.		C	F
3. María Luisa Gómez habla con el profesor García.		C	F
4. La profesora se llama María Luisa Gómez.		C	F
5. Rosa está muy mal.		C	F
6. Jorge está muy bien.		C	F
7. La señora Peñalver está muy mal.		C	F
8. José Manuel no está muy bien.		C	F

¡ASÍ LO DECIMOS!

1-2 ¿Saludo o despedida? Decide if each expression below should be used as a greeting or farewell and write it in the appropriate column.

Adiós.
Buenos días
Hasta pronto.
Buenas noches.

Hasta mañana.
¿Qué hay?
Hasta luego.
¡Hola!

SALUDO   DESPEDIDA

_____   _____

_____   _____

_____   _____

_____   _____

1-3 ¿Formal o informal? Ask a friend and then a stranger the following questions. Write each question in the space provided.

	A FRIEND	A STRANGER
1. How are you?	_____	_____
2. And you?	_____	_____
3. How is it going?	_____	_____
4. What's your name?	_____	_____

1-4 Respuestas. How would you respond to the following questions or statements? Reply in Spanish on the lines provided.

1. ¿Qué tal? _____

2. ¡Buenos días! _____

3. ¡Hasta mañana! _____

4. ¿Cómo te va? _____

5. ¿Cómo te llamas? _____

6. ¡Mucho gusto! _____

7. ¿Cómo estás? _____

1-5 Conversaciones. Complete each conversation logically by writing in the appropriate words or phrases.

1. SR. MORALES: ¡Hola, Felipe! ¿_____?

    FELIPE: Muy bien, _____. ¿Y _____, señor Morales?

    SR. MORALES: No muy bien.

    FELIPE: _____, señor.

2. ENRIQUE: Buenas tardes.

    CARLOS: ¡_____! ¿Cómo se llama usted?

    ENRIQUE: _____ Enrique Fernández.

    CARLOS: Mucho _____.

    ENRIQUE: _____ mío.

3.   FELIPE: Buenos días, profesor Rodríguez.

PROF. RODRÍGUEZ: _____, Felipe.

FELIPE: ¿_____?

PROF. RODRÍGUEZ: _____, gracias.

FELIPE: Hasta luego.

PROF. RODRÍGUEZ: _____.

4.   JUANA: Hola, Jorge, ¿_____?

JORGE: Más o menos Juana, ¿y _____?

JUANA: _____, gracias.

ESTRUCTURAS

The Spanish alphabet

1-6 Emparejar. Match the Spanish letter on the left with the explanation on the right.

_____ 1. Spanish **g**   a. letter that can be a semivowel or a consonant

_____ 2. Spanish **k**   b. letter that is pronounced like the English *th* in much of Spain

_____ 3. Spanish **b**   c. letter that is pronounced like the hard English *h* before *e* or *i*

_____ 4. Spanish **y**   d. letter that appears in words borrowed from other languages

_____ 5. Spanish **z**   e. one of two letters that are pronounced exactly alike

Numbers 0 – 30

1-7 Números de teléfonos. Write out the phone number in each advertisement.

1. Radio - Taxi _____

2. Plazas de Garaje _____

1-8 Más números. Write the number that comes before (**antes**) and after (**después**) the indicated one.

ANTES		DESPUÉS
1. _____	quince	_____
2. _____	doce	_____
3. _____	veintiuno	_____
4. _____	cuatro	_____
5. _____	diecinueve	_____
6. _____	veintinueve	_____
7. _____	veinticinco	_____
8. _____	dieciséis	_____
9. _____	cinco	_____
10. _____	nueve	_____

1-9 Las matemáticas. Write the missing number in Spanish.

1. Once menos _____ son dos.

2. Treinta menos _____ son diez.

3. Once más _____ son treinta.

4. Treinta menos _____ son catorce.

5. Tres por _____ son doce.

6. Ocho más _____ son diecisiete.

7. Uno más _____ son dos.

8. Doce entre _____ son dos.

9. Siete más _____ son catorce.

10. Quince menos _____ son ocho.

S E G U N D A   P A R T E
¡Así es la vida!

1-10 Fuera de lugar. Circle the letter corresponding to the word that does not fit in each group.

1. a. borrador

   b. tiza

   c. pizarra

   d. mochila

2. a. silla

   b. pupitre

   c. escritorio

   d. estudiante

3. a. ventana

   b. pared

   c. borrador

   d. puerta

4. a. bolígrafo

   b. piso

   c. lápiz

   d. papel

¡ASÍ LO DECIMOS!

1-11 En la clase. Write in Spanish how your instructor:

1. tells a student to answer in Spanish

_____

2. tells students to listen

_____

3. tells a student to go to the board

_____

4. tells students to study the lesson

_____

5. tells a student to read the lesson

_____

6. tells students to close the book

_____

1-12 ¿Qué hay en la mochila? You have invited a classmate you just met to have lunch with you and your family. Your little brother is very curious about what your new friend has in his bookbag. Answer his questions according to the model.

MODELO: ¿Qué hay en la mochila? (*books*)
    ► Hay unos libros.

¿Qué hay en la mochila?

1. (*pencils*) _____

2. (*pens*) _____

3. (*a notebook*) _____

4. (*chalk*) _____

5. (*erasers*) _____

1-13 ¿Qué hay en la clase? Write at least seven items that are in your classroom.

MODELO: ► Hay una pizarra.

1. _____

2. _____

3. _____

4. _____

5. _____

6. _____

7. _____

1-14 Los colores. Find and circle the names of twelve colors in the puzzle.

C	A	Z	B	M	O	R	A	D	O	D
H	O	M	L	A	R	O	S	A	D	O
A	A	N	A	R	A	N	J	A	D	O
V	D	I	N	R	G	O	S	Z	M	C
E	A	L	C	I	I	R	F	U	A	O
R	O	J	O	R	N	LL	I	L	RR	I
D	A	N	N	E	G	R	O	S	O	E
E	C	A	F	E	B	R	A	S	N	K

ESTRUCTURAS

Definite and indefinite articles; gender of nouns

1-15 El artículo definido. Write the correct form of the definite article for each noun.

1. _____ sillas

2. _____ pupitres

3. _____ relojes

4. _____ luz

5. _____ paredes

6. _____ borrador

7. _____ papel

8. _____ mapa

9. _____ mochila

10. _____ bolígrafo

1-16 El artículo indefinido. Write the correct form of the indefinite article for each noun.

1. _____ lápiz

2. _____ señores

3. _____ mochila

4. _____ ventana

5. _____ mapas

6. _____ tiza

7. _____ pupitres

8. _____ escritorio

9. _____ pizarras

10. _____ mesa

1-17 ¡A cambiar! Change the gender of each noun below.

MODELO: el profesor
     ► la profesora

1. el señor   _____

2. la muchacha   _____

3. el alumno   _____

4. la estudiante   _____

5. el chico   _____

6. la niña   _____

7. la mujer   _____

8. la leona   _____

1-18 ¿Masculino o femenino? Indicate whether the following nouns are masculine or feminine by writing **M** or **F**.

1. _____ libro

2. _____ microscopio

3. _____ pared

4. _____ mapa

5. _____ pupitre

6. _____ tiza

7. _____ lápiz

8. _____ luz

9. _____ pizarra

10. _____ borrador

Noun plurals

1-19 En la librería. You work at a bookstore. A customer calls and asks if you carry certain items. You reply in the affirmative.

MODELO: ¿Hay una mochila?
  ► Sí, hay unas mochilas.

1. bolígrafo _____

2. tiza _____

3. libro _____

4. mapa _____

5. lápiz _____

6. borrador _____

7. cuaderno _____

8. mesa _____

9. papel _____

10. pizarra _____

1-20 Plural al singular. Change each phrase from plural to singular.

MODELO: los libros grandes
  ► el libro grande

1. las lecciones interesantes _____

2. unos ejercicios difíciles _____

3. las luces blancas _____

4. unos cuadernos anaranjados _____

5. las sillas azules _____

6. los relojes redondos _____

7. los pupitres caros _____

8. unas mesas cuadradas _____

Form, position, and agreement of adjectives

1-21 ¡A completar! Fill in the blanks with the correct forms of the words in parentheses.

MODELO: __la__ pizarra __negra__ (el/negro)

1. _____ señores _____ (un/mexicano)

2. _____ señoritas _____ (el/inglés)

3. _____ señoras _____ (el/trabajador)

4. _____ profesores _____ (un/francés)

5. _____ profesora _____ (un/interesante)

6. _____ clase _____ (el/grande)

1-22 Cambios y más cambios. Rewrite each sentence, changing the gender of the people from masculine to feminine or vice versa.

1. Son unos señores argentinos.

   _____

2. Son unos profesores norteamericanos.

   _____

3. Es un estudiante francés.

   _____

4. Es una señorita trabajadora.

   _____

5. Es una estudiante inglesa.

   _____

6. Son unos estudiantes portugueses.

   _____

7. Es una señora española.

   _____

8. Son unas señoritas japonesas.

   _____

1-23 ¿Singular o plural? Make a generalization based on each observation below by changing the following sentences from singular to plural. (Note: the plural of **es** is **son**.)

MODELO: El libro negro es caro.
       ► Los libros negros son caros.

1. La profesora mexicana es interesante.

_____

2. La mochila francesa es cara.

_____

3. El reloj grande es redondo.

_____

4. La mesa blanca es cuadrada.

_____

5. El cuaderno azul es barato.

_____

6. El estudiante inteligente es trabajador.

_____

7. La clase grande es interesante.

_____

8. El profesor francés es inteligente.

_____

1-24 ¡A completar! Complete the following descriptions of people and objects you know. Use colors, adjectives of nationality, descriptive adjectives, and so on.

1. El libro de español es _____

2. El cuaderno es _____

3. El profesor/ la profesora es _____

4. Las sillas son _____

5. Los estudiantes son _____

6. La pizarra es _____

Al fin y al cabo

1-25 Situaciones. Write brief conversations based on the situations below.

1. It's 3:00 p.m. You meet an elderly neighbor for the first time. Greet her and introduce yourself. She will also greet you and introduce herself.

_____

_____

_____

_____

_____

2. There is a new student in the classroom. Greet and introduce each other and give him/her a bit of information about your class. Assume it is 8:00 p.m.

_____

_____

_____

_____

_____

3. It's 9:00 a.m. You work at the bookstore. Your best friend, Enrique, needs a number of items in different colors. He also needs to know the prices. Greet him and help him out.

_____

_____

_____

_____

_____

1-26 La clase. Write a brief paragraph describing your classroom. Name as many objects as you can, including information on number and color. Describe your classmates' nationalities. End with a description of your professor.

_____

_____

_____

_____

_____

_____

_____

_____

_____

¿De dónde eres tú?

PRIMERA PARTE

¡Así es la vida!

2-1 Descripciones. Provide information about the people described on page 33 of your textbook. The first one has been done for you.

Isabel Rojas Lagos

NACIONALIDAD: ___argentina___

CARACTERÍSTICAS: ___inteligente, trabajadora, simpática___

Daniel Gómez Mansur

NACIONALIDAD: _____

DESCRIPCIÓN FÍSICA: _____

María

NACIONALIDAD: _____

NACIONALIDAD
DE LOS PADRES: _____

Lupe

NACIONALIDAD: _____

CIUDAD: _____

Carlos

NACIONALIDAD: _____

CIUDAD: _____

Nombre: _____   Fecha: _____

¡ASÍ LO DECIMOS!

2-2 Nacionalidades. Write the appropriate form of the adjective of nationality that corresponds to the country mentioned. The first one has been done for you.

MODELO: Luisa y Ramón son de Puerto Rico.
       ► Son puertorriqueños.

1. Ana es de Colombia. Es _____.

2. Federico es de La Habana, Cuba. Es _____.

3. Nosotras somos de Buenos Aires, Argentina. Somos _____.

4. Alicia es de la República Dominicana. Es _____.

5. Los profesores son de México. Son _____.

6. La señora Prieto es de Caracas, Venezuela. Es _____.

7. Elena y Marisa son de Chile. Son _____.

8. Anita y Lucía son de Panamá. Son _____.

2-3 Muchas preguntas. You've just met Susana and are trying to get to know her. Taking into consideration her answers, complete each question with the most appropriate interrogative words.

1. ¿_____ te llamas?

    Me llamo Susana.

2. ¿_____ eres?

    Soy de los Estados Unidos.

3. ¿_____ estudias?

    En la universidad.

4. ¿_____ estudias?

    Historia y matemáticas.

5. ¿_____ ciudad eres?

    Soy de Houston.

6. ¿_____ son éstos (these) en la foto?

Son mis padres y Antonio.

7. ¿_____ es Antonio?

Es un amigo (friend).

8. ¿_____ es?

Es alto, delgado, simpático y muy inteligente.

2-4 Los contrarios. Rewrite each statement, using the opposite of the adjective in italics. The first one has been done for you.

MODELO: El señor es *alto*.
► El señor es bajo.

1. Las estudiantes son *gordas*. _____

2. El libro es *bonito*. _____

3. Es una clase *buena*. _____

4. Yo soy muy *trabajadora*. _____

5. Los estudiantes son *antipáticos*. _____

6. La mochila es *nueva*. _____

7. El profesor es *pobre*. _____

8. El cuaderno es *barato*. _____

9. Las sillas son *grandes*. _____

2-5 Cuestionario. You have just met someone who asks you these questions. Answer in complete sentences.

1. ¿Cómo te llamas? _____

2. ¿Cómo estás? _____

3. ¿De qué país eres? _____

4. ¿De qué ciudad eres? _____

5. ¿Cómo eres? _____

2-6 Nombres, apodos y direcciones. Reread the **A propósito** section about this subject in your textbook. Then answer these questions about the business cards.

Rolando Costa Picazo
Director Ejecutivo

Comisión de Intercambio Educativo
Entre Estados Unidos y Argentina
(Fullbright Commission)

Maipú 672 - 2º
Tel. 392-4971/3855
2106 - 4557
Buenos Aires

José Sigüenza Escudero
Tomasa Miranda de Sigüenza

C/. El Molino, 11
Teléfono 39 21 37   QUEL (Logroño)

José Bernardo Fernández

René Torres Delgado

Departamento de Bellas Artes
Universidad de Puerto Rico

B SERVICIO
DE VIAJES **BARROSO** TRAVEL SERVICE

FRANCISCO BARROSO P.
DIRECTOR GENERAL

PASEO DE MONTEJO 482
97000 MERIDA, YUCATAN,
MEXICO

TELS. 21-14-75 Y
21-14-93
TELEX 0753721 HOTME

Jaume Pintó Prado
Rosa Reig Menescal

La Mallola, 4
Tel. 60 15 85

mollerussa
(Lleida)

1. ¿De dónde es Réne Torres Delgado?

   _____

2. ¿De qué país es Rolando Costa Picazo?

   _____

3. ¿De qué ciudad es Rolando?

   _____

4. ¿De dónde es Francisco Barroso?

   _____

5. ¿Cuál es su apodo?

_____

6. ¿Quiénes se llaman José?

_____

7. ¿Quién es Tomasa Miranda de Sigüenza?

_____

8. ¿Cuál es el apellido paterno de Jaume?

_____

9. ¿Cuál es el apellido materno de Rosa?

_____

10. Escribe en español los números de teléfono de Rosa, Francisco y Rolando.

_____

ESTRUCTURAS

Subject pronouns and the present tense of *ser* (*to be*)

2-7 Los sujetos. Replace each subject with the appropriate subject pronoun.

MODELO: El estudiante = él

1. Maribel = _____

2. Susana y yo = _____

3. Quique y Paco = _____

4. Las profesoras = _____

5. Tú y yo = _____

6. Uds. y yo = _____

7. Francisco = _____

8. Anita, Carmen y Pepe = _____

9. Lucía, Mercedes y Lola = _____

10. Beto y las estudiantes = _____

2-8 Identidades. Using the words provided and the correct form of the verb **ser**, write complete sentences. Remember to change the forms of articles and adjectives as necessary.

MODELO: yo / ser / un / alumna / puertorriqueño
▶ Yo soy una alumna puertorriqueña.

1. nosotros / ser / el / profesores / estadounidense

_____

2. Ana y Felipe / ser / el / estudiantes / perezoso

_____

3. ¿ser / tú / el / estudiante (f.) / argentino?

_____

4. Marisol / ser / un / señora / delgada

_____

5. ¿ser / ustedes / el / estudiantes / francés?

_____

6. ¿ser / Ud. / el / señor / mexicano?

_____

7. María Eugenia / ser / un / señorita / dominicano

_____

8. Mongo y Guille / ser / un / chico / gordito y simpático

_____

9. Uds. y yo / ser / español

_____

10. Cheo y yo / ser / un / estudiante / inteligente

_____

2-9 Combinación. Write at least six sentences in Spanish by combining the appropriate items from each column. Remember to change adjectives when necessary.

Yo		venezolano
Pepe y Chayo		argentino
Tú		puertorriqueño
Mongo y yo		dominicano
Tú y él	ser	trabajador
Miguel y Juan		español
Ella		paciente
Ud.		rubio

1. _____

2. _____

3. _____

4. _____

5. _____

6. _____

2-10 ¡A completar! Complete the paragraph with the correct form of **ser**.

¡Hola! Me llamo Francisco Figueres Goicochea y mi apodo (1) _____ Paco.

(2)_____ de Caracas, (3)_____venezolano. Mi papá (4)_____

colombiano y mi mamá (5) _____ española. Mis padres (6)_____ muy

trabajadores. Mis padres y yo (7)_____ muy simpáticos. ¿De dónde (8)_____

tú, y cómo (9) _____?

Formation of questions

2-11 ¿Cuáles son las preguntas? You heard the answers in an interview but didn't catch the questions. Write the questions that prompted each response below

MODELO: Soy Antonio Ramírez.
    ► ¿Quién es usted?

1. Soy de Santiago.

_____

2. El profesor es muy simpático.

_____

3. Los estudiantes de la clase son inteligentes.

_____

4. No soy perezoso, soy trabajador.

_____

2-12 Más preguntas. Change each statement to a question by using the tag word in parentheses.

MODELO: (¿verdad?) Mariberta es de Colombia.
    ► Mariberta es de Colombia, ¿verdad?

1. (¿no?) Arturo y David son muy delgados. _____

2. (¿cierto?) La estudiante cubana es inteligente. _____

3. (¿verdad?) La señora se llama Verónica. _____

4. (¿no?) Toño es bajo y gordo. _____

5. (¿Sí?) Gregorio es antipático. _____

Negation

2-13 Preguntas y respuestas. A new friend has many questions to ask you. First, change the sentences below to yes/no questions, and then answer them using complete sentences.

MODELO: Tú eres de Colombia.
> ¿Eres de Colombia?
No, no soy de Colombia, soy de Costa Rica.

1. Tú eres de una ciudad.

   ¿ _____?

   _____

2. Los estudiantes son de Buenos Aires.

   ¿ _____?

   _____

3. Rosa y Chayo son de Nicaragua.

   ¿ _____?

   _____

4. Tú eres de Madrid.

   ¿ _____?

   _____

5. El profesor de matemáticas es perezoso.

   ¿ _____?

   _____

2-14 De mal humor. Your friend is in a bad mood and says no to everything you say. Rewrite the words in affirmative sentences and then change them to the negative. Be sure to make all of the necessary changes. Follow the model.

MODELO: Luisa / ser / trabajador
► Luisa es trabajadora.
Luisa no es trabajadora.

1. Pepe / ser / venezolano

_____

_____

2. Arturo y Miguel / ser / peruano

_____

_____

3. La pizarra y el escritorio / ser / negro

_____

_____

4. El profesor y la profesora / ser / francés

_____

_____

5. Tú y yo / ser / inteligente

_____

_____

6. Ramiro y Carlos / ser / simpático

_____

_____

¡Así es la vida!

2-15 Nuevos amigos. Look again at the photos on page 48 of your textbook and reread the descriptions. Then answer the questions in complete sentences in Spanish. You may want to review the interrogative words on page 34 of your textbook before you begin.

Andrea Alvarado Salinas

1. ¿Cuántos años tiene? _____

2. ¿Qué es ella? _____

3. ¿Qué habla? _____

4. ¿Qué estudia? ¿Dónde? _____

5. ¿Cuándo es el examen de biología? _____

Carlos Alberto Mora Arce

1. ¿Cuántos años tiene? _____

2. ¿Cuál es su (*his*) nacionalidad? _____

3. ¿Qué habla? _____

4. ¿Qué estudia? ¿Dónde? _____

5. ¿Cuándo trabaja? _____

6. ¿Dónde trabaja? _____

7. ¿Qué practica con los amigos? _____

Rosalía Bermúdez Fiallo

1. ¿Cuántos años tiene? _____

2. ¿De dónde es? _____

3. ¿Qué estudia? _____

4. ¿Cuándo baila con sus amigos? _____

5. ¿Dónde baila? _____

 **¡A SÍ LO DECIMOS!**

2-16 Actividades. Match each item on the left with the most logical expression on the right.

A

1. _____ escuchar

2. _____ bailar

3. _____ hablar

4. _____ nadar

5. _____ conversar

6. _____ mirar

7. _____ trabajar

8. _____ estudiar

9. _____ practicar

10. _____ preparar

B

a. con un amigo en el café

b. en una discoteca

c. mucho el béisbol

d. historia en la universidad

e. español, italiano, portugués y un poco de inglés

f. en una librería

g. la música clásica

h. la televisión

i. en el océano

j. una pizza

Now write a complete sentence using each pair of words and expressions above, and **yo** as the subject.

MODELO: mirar / la televisión
  ► Miro la televisión.

1. _____

2. _____

3. _____

4. _____

5. _____

6. _____

7. _____

8. _____

9. _____

10. _____

2-17 Más actividades. Using an element from each column, write three sentences about your responsibilities and three sentences describing what you and your friends are going to do.

tengo que	estudiar	geografía	por la tarde
vamos a	practicar	el tenis	esta noche
	trabajar	en la librería	mañana
	hablar	para el examen	
	mirar	alemán	
		ingeniería	
		la televisión	
		la natación	

Responsabilidades

1. _____

2. _____

3. _____

El futuro

4. _____

5. _____

6. _____

2-18 Fuera de lugar. Circle the letter corresponding to the word that does not fit in each group.

1. a. mirar	b. francés	c. italiano	d. vietnamés
2. a. tenis	b. informática	c. natación	d. fútbol
3. a. ingeniería	b. derecho	c. mañana	d. historia
4. a. trabajar	b. practicar	c. estudiar	d. mucho
5. a. portugués	b. coreano	c. examen	d. español
6. a. arte	b. derecho	c. geografía	d. béisbol

Nombre: _____   Fecha: _____

The present indicative of *-ar* verbs

2-19 ¿Qué hacen? Say what everyone is doing by writing in the correct form of the verb in parentheses.

1. Nosotros _____ por las tardes. (caminar)

2. Los estudiantes _____ la lección. (preparar)

3. ¿_____ tú mucho? (trabajar)

4. Las señoritas _____ bien. (nadar)

5. Alejandro y yo _____ mucho el fútbol. (practicar)

6. ¿Qué _____ ellos? (mirar)

7. Ana y Federico _____ muy mal. (bailar)

8. Los amigos _____ en el café. (conversar)

9. Amalia y Laura _____ administración de negocios.(estudiar)

10. Yo _____ música popular. (escuchar)

2-20 ¡Muy ocupados! These people are all very busy. Tell what they are doing by writing in the correct form of a logical **-ar** verb. Read the entire paragraph before beginning.

Alejandro y Adán (1)_____ el tenis por las tardes. Andrés no

(2)_____ el tenis; él tiene que (3) _____ historia

por la tarde. Carmen (4)_____ en el océano con Susana. Ellas

(5)_____ mucho. Yo no (6)_____ ; yo

(7) _____ en el parque con mi amigo. Anita

(8)_____ mucho, especialmente el merengue y la salsa.

2-21 El preguntón. You have a friend who is constantly asking you questions. Answer each question in Spanish with a complete sentence.

1. ¿Trabajas? ¿Dónde trabajas?

   _____

2. ¿Qué idiomas habla tu padre?

   _____

3. ¿Practican el español mucho tú y los estudiantes en la clase?

   _____

4. ¿Con quién caminas todos los días?

   _____

5. ¿Estudias mucho? ¿Qué estudias?

   _____

6. ¿Escuchas música popular o música clásica?

   _____

7. ¿Cuándo preparas las lecciones?

   _____

The present tense of the verb *tener*

2-22 ¡A completar! Complete each statement with the correct form of **tener**.

1. Tú _____ veintidós años.

2. Él y yo _____ que estudiar esta noche.

3. Carlos y Adela _____ dos clases esta tarde.

4. Ud. _____ mucha hambre, ¿no?

5. Nosotras _____ que hablar con María.

6. Yo _____ miedo cuando miro programas de horror.

7. Raúl y Daniel _____ sueño.

8. Gonzalo y tú _____ que estudiar más.

2-23 Asociaciones. Write a sentence containing the **tener** expression from page 57 of your textbook that best corresponds to each clue in parentheses. Use the indicated subject. The first one has been done for you.

1. Yo ___tengo sed._____ (un refresco)

2. Nosotros _____ (un suéter)

3. Los chicos _____ (un fantasma)

4. Tú _____ (una hamburguesa)

5. Yo _____ (un programa de horror)

6. La señora _____ (mucho tráfico)

7. La bebé _____ (una siesta)

2-24 Responsabilidades. List five things you have to do tomorrow and five things other people have to do.

MODELO: ▶ Yo tengo que estudiar porque tengo un examen mañana.

1. Yo _____

2. Yo _____

3. Yo _____

4. Yo _____

5. Yo _____

6. Mis padres _____

7. Mi amigo _____

8. El (la) profesor(a) _____

9. Los estudiantes _____

10. Los estudiantes y yo _____

2-25 Los consejos. Your friend is failing his Spanish class. Tell him three things he needs to do to get a passing grade.

MODELO: ► Tú tienes que hablar con la profesora.

1. _____

2. _____

3. _____

S Í N T E S I S
Al fin y al cabo

2-26 Dos personas. Describe one person you like (**Persona 1**) and one you dislike (**Persona 2**).

Persona 1

_____

_____

_____

_____

_____

Persona 2

_____

_____

_____

_____

_____

2-27 La vida de Marisol. Read the description of Marisol, and then answer the questions.

Marisol es una estudiante muy buena en la Universidad de Navarra. Es de la República Dominicana. Tiene veinte años. Ella es inteligente y muy trabajadora. Habla tres idiomas — español, inglés y francés. Estudia derecho en la universidad y participa en muchas otras actividades. Nada por las tardes y también practica el fútbol. Hoy tiene que estudiar mucho porque tiene un examen de derecho mañana. Ella también tiene una clase de francés. No hay muchos estudiantes en la clase, solamente nueve — tres españoles, dos chilenos, un italiano, dos portugueses y ella. La profesora es española y es muy simpática. Siempre prepara bien la lección para la clase.

1. ¿Quién es Marisol?

2. ¿Dónde estudia? ¿Qué estudia?

3. ¿En qué actividades participa Marisol?

4. ¿Cuántos estudiantes hay en la clase de francés?

5. ¿Cuáles son las nacionalidades de los estudiantes y de Marisol?

6. ¿Cómo es la profesora de francés?

7. ¿Cuántos años tiene Marisol?

8. ¿Qué tiene que hacer Marisol hoy?

2-28 Tu vida universitaria. Using the description in Activity 2-27 as a model, write a brief paragraph about yourself and your life in school. Be sure to include your age, description, activities, and responsibilities. First fill in the necessary information for your student identification card.

Nombre: _____

Apellido: _____

Nacionalidad: _____

Ciudad: _____

País: _____

Edad (*age*): _____

Descripción física: _____

¡Así es la vida!

3-1 El horario de clase. Reread the conversations on page 69 of your textbook and indicate if each statement is **C** (**cierto**) or **F** (**falso**). If a statement is false, cross out the incorrect information and write the correction above it.

1. El horario de Alberto es complicado.	C	F
2. Alberto va a tomar química.	C	F
3. Luis va a tomar cinco cursos.	C	F
4. El profesor Smith enseña inglés.	C	F
5. La clase del profesor Smith es fácil.	C	F
6. Luisa toma una clase de biología.	C	F
7. Carmen no tiene clases los martes por la mañana.	C	F
8. Ana habla con Roberto.	C	F
9. Roberto va al departamento de idiomas.	C	F
10. Ana tiene una clase de español a las diez y cuarto.	C	F

¡ASÍ LO DECIMOS!

3-2 Reacciones. Using one of the expressions below, react to the following statements made by your classmates.

Sí, es un lujo.
Estás loco(a).
Pues sí.

Sí, es una necesidad.
Yo también. ¡Qué pequeño es el mundo!

1. Voy a tomar diez materias. _____

2. Necesitas hablar dos idiomas. _____

3. ¿Vas a estudiar química? _____

4. Estoy en la clase de biología con la profesora Brown. _____

5. Voy a tomar la clase de literatura solamente (*only*) porque es interesante. _____

_____

3-3 ¡A completar! Complete the following sentences with the correct word from **¡Así lo decimos!**

1. Necesito una _____ para mi clase de informática.

2. El _____ es para hacer ejercicios.

3. Estudio la novela en mi clase de _____ inglesa.

4. Hay muchos libros en la _____.

5. Los _____ este semestre son muy difíciles.

6. La profesora no llega _____ a clase.

7. La oratoria es una _____.

8. En el _____ hay muchas palabras.

3-4 Tu horario. Complete the chart to show your class schedule for this semester.

NOMBRE:										FECHA:
	9 A.M.	10 A.M.	11 A.M.	12 A.M.	1 P.M.	2 P.M.	3 P.M.	4 P.M.	5 P.M.	6 P.M.
lun.										
mar.										
miér.										
jue.										
vier.										

3-5 Los meses y las estaciones. Circle the months and seasons you can find in the puzzle.

C	O	D	I	C	I	E	M	B	R	E	M	O
E	P	S	A	T	A	S	RR	M	U	S	A	S
A	B	R	I	L	T	E	D	A	C	U	G	E
J	A	N	I	N	V	I	E	R	N	O	O	P
D	U	O	V	M	A	E	S	Z	A	T	S	T
D	J	L	A	A	A	R	R	O	M	O	T	I
E	U	E	I	Y	L	V	C	A	O	Ñ	O	E
E	N	E	R	O	R	A	E	T	N	O	LL	M
N	I	T	F	E	B	R	E	R	O	O	O	B
T	O	O	C	T	U	B	R	E	A	O	M	R
N	O	V	I	E	M	B	R	E	A	S	R	E

3-6 En la librería. You work in the warehouse of a large store selling school supplies; and you must writeout the number of items you have in stock.

1. 768 calculadoras _____

2. 573 mesas _____

3. 1,694 bolígrafos _____

4. 859 microscopios _____

5. 92 pupitres _____

6. 295 tizas _____

7. 159 luces _____

8. 384 cuadernos _____

9. 528 relojes _____

3-7 Los viajes. Read the advertisement and answer the questions on the next page in Spanish.

1. ¿Cuándo son las salidas (*departures*)?

_____

2. ¿De dónde son las salidas?

_____

3. ¿Cuánto cuesta el viaje a Nueva York y a Orlando?

_____

4. ¿Cuánto cuesta el viaje a Nueva York y a San Francisco?

_____

5. ¿Cuántas ciudades hay en el viaje de Florida Maravillosa?

_____

6. ¿De cuántos días es el viaje Ilusiones del Este?

_____

7. ¿Cuál es el viaje más caro?

_____

8. ¿En qué meses son los viajes?

_____

~STRUCTURAS

Telling time

3-8 ¿Cuándo tienen clase? Use the cues in parentheses and follow the model to tell when these people have class.

MODELO: (historia / lunes / 10:05 / mañana)
► Andrés tiene la clase de historia los lunes a las diez y cinco de la mañana.

1. (álgebra / lunes / 1:15 / tarde)

   Nosotros _____

2. (computación / jueves / 7:25 / noche)

   Tú _____

3. (ingeniería / miércoles / 3:45 / tarde)

   Yo _____

4. (música / martes / 8:55 / mañana)

   Paco _____

5. (química / jueves / 12:30 / tarde)

   Sofía _____

6. (economía / lunes / 11:15 / mañana)

   Mis amigos _____

7. (literatura / miércoles / 4:15 / tarde)

   Yo _____

8. (biología / viernes / 6:50 / noche)

   Andrés _____

3-9 ¿Qué hora es? Following the model, write the next two lines of each dialog below.

MODELO: ¿A qué hora es tu clase de inglés?
         (3:00) ► A las tres. ¿Qué hora es?
         (2:58) ► Son las tres menos dos. ¡Adiós!

1. ¿A qué hora es tu clase de biología?

   (1:00) _____

   (12:50) _____

2. ¿A qué hora es tu clase de portugués?

   (10:15) _____

   (10:05) _____

3. ¿A qué hora es tu clase de arte?

   (7:30) _____

   (7:25) _____

4. ¿A qué hora es tu clase de derecho?

   (11:15) _____

   (11:10) _____

5. ¿A qué hora es tu clase de matemáticas?

   (4:45) _____

   (4:35) _____

3-10 Los horarios de vuelos. Read the timetable of Alitalia flights and answer the following questions. Make sure to write the flight number in Spanish.

(Horarios sujetos a posibles variaciones)

Alitalia

España - Italia (IDA)

RUTA	VUELO	DIAS	SALIDA	LLEGADA
MADRID-ROMA*	AZ1373	DIARIO	07:55	10:20
MADRID-ROMA*	AZ367	DIARIO	12:50	15:15
MADRID-ROMA*	AZ365	DIARIO	17:55	20:20
MADRID-MILAN	AZ1377	DIARIO	08:15	10:20
MADRID-MILAN	AZ1355	DIARIO	12:20	14:25
MADRID-MILAN	AZ355	DIARIO	18:25	20:30

Teléfonos de Información y Reservas:
- Madrid-Ciudad: 559 95 00 (De lunes a viernes, de 9 a 19h.)
- Aeropuerto de Barajas: 305 43 35 (Todos los dias, de 7 a 19h.)
- Alitalia Premium Program: 900 210 599 (De lunes a viernes, de 9 a 17h.)

*Más de 150 conexiones a 40 ciudades de todo el mundo.

1. ¿A qué hora es la salida del vuelo AZ 1373?

   _____

2. ¿Cuántos vuelos diarios hay de Madrid a Milán?

   _____

3. ¿A qué hora es la llegada del vuelo AZ 1377?

   _____

4. ¿A cuántas ciudades hay conexiones?

   _____

5. ¿Cuál es el número del teléfono de información en Madrid?

   _____

Giving the date

3-11 Mis fechas importantes. List five dates you are looking forward to in the near future. Follow the model.

MODELO: ► El jueves, diecisiete de octubre, es mi cumpleaños.

1. _____
2. _____
3. _____
4. _____
5. _____

3-12 Preguntas personales. Answer the following questions in Spanish.

1. ¿Cuál es el día y la fecha de hoy?

   _____

2. ¿Cuándo es tu cumpleaños?

   _____

3. ¿Cuándo es tu próximo (*next*) examen de español?

   _____

4. ¿Cuándo son las vacaciones de primavera?

   _____

5. ¿Cuándo es el cumpleaños de tu novia(o)?

   _____

Possessive adjectives

3-13 ¿De quiénes son estos objetos? Identify to whom these objects belong so that they can be returned to their owners.

MODELO: ¿De quién es la mochila? (Sara)
  ► La mochila es de Sara.
  Es su mochila.

1. ¿De quién es el bolígrafo verde? (el profesor)

   _____

   _____

2. ¿De quién es el libro grande? (Ana y Sofía)

   _____

   _____

3. ¿De quién es la mochila? (Mateo)

   _____

   _____

4. ¿De quién son los lápices morados? (José y Andrés)

   _____

   _____

5. ¿De quién es el cuaderno? (el chico)

   _____

   _____

6. ¿De quién son los diccionarios? (él)

   _____

   _____

7. ¿De quién es la calculadora? (Ud.)

   _____

   _____

8. ¿De quién es el horario de clases? (Uds.)

_____

_____

9. ¿De quiénes son los microscopios? (las estudiantes de biología)

_____

_____

10. ¿De quiénes son los papeles? (la profesora)

_____

_____

3-14 Más objetos perdidos. There are still more objects without owners. Answer the questions according to the model.

MODELO: ¿Son tus libros? (Esteban)
► No, no son mis libros. Son los libros de Esteban.

1. ¿Es tu diccionario? (el estudiante de francés) _____

_____

2. ¿Son sus bolígrafos? (tu amigo) _____

_____

3. ¿Son sus libros, señor? (Micaela) _____

_____

4. ¿Es su clase? (los estudiantes argentinos) _____

_____

5. ¿Es tu calculadora? (Paco) _____

_____

6. ¿Son tus lápices? (mis padres) _____

_____

7. ¿Es su profesora, Juan y Ana? (Cristina) _____

_____

8. ¿Es tu borrador? (la chica dominicana) _____

_____

The present tense of *ir* (*to go*) and *dar* (*to give*)

3-15 ¿Adónde van? Fill in the blanks to show where each person is going. Use the verb **ir**.

1. Mateo _____ a la universidad.

2. Susana y yo _____ a la librería.

3. Yo _____ a la biblioteca.

4. Los estudiantes _____ a la cafetería.

5. La profesora _____ al gimnasio.

6. Andrés y Maribel _____ al departamento de idiomas.

7. ¿Tú _____a una fiesta?

3-16 Mañana. Ana thinks these activities are happening today, but you know they will all take place tomorrow. Correct her, following the model.

MODELO: Estrella estudia hoy.
    ► No, ella va a estudiar mañana.

1. Alejandro practica béisbol hoy.

   _____

2. Necesito mi calculadora hoy.

   _____

3. Vamos al concierto esta noche.

   _____

4. Elena conversa con sus amigos esta tarde.

   _____

5. Nuestros padres llegan tarde esta noche.

   _____

6. Tú y Cheo van al gimnasio.

   _____

3-17 ¡A practicar! For each sentence given, write the most logical statement to follow it by conjugating the verb **ir** in one of the phrases below.

ir al gimnasio   ir a dormir la siesta
ir a comer a la cafetería   ir a estudiar en la biblioteca
ir a una fiesta   ir a beber agua mineral

MODELO: Tenemos mucha hambre.
  ► Vamos a comer a la cafetería.

1. Pepe tiene mucha sed.

   _____

2. Carlos y Juan están muy cansados.

   _____

3. Laura y Virgilio están muy aburridos.

   _____

4. Yo tengo un examen mañana.

   _____

5. Tú tienes que hacer ejercicio.

   _____

3-18 Hoy. Find out what's happening today by using the present of **dar**.

1. El profesor _____ un examen a las nueve.

2. Yo _____ un paseo con mis amigos.

3. Cuando el reloj _____ la una, hay un concierto.

4. María Rosa y Sergio _____ una fiesta por la noche.

5. Paco y yo _____ una fiesta por la tarde, pero tú no _____ una fiesta por

   la tarde.

¡Así es la vida!

3-19 ¿Cierto o falso? Reread the conversations on page 88 of your textbook and indicate if each statement is **C** (**cierto**) or **F** (**falso**). If a statement is false, cross out the incorrect information and write the correction above it.

		C	F
1.	Son las once y media de la noche.	C	F
2.	Ana Rosa y Carmen hablan en la librería.	C	F
3.	Las dos chicas no tienen hambre y no comen.	C	F
4.	Ellas tienen sed y beben un refresco.	C	F
5.	Por la mañana, Ana Rosa va a la librería.	C	F
6.	Ana Rosa va a la biblioteca para comprar un diccionario.	C	F
7.	Ella va a comprar un diccionario porque tiene un examen mañana.	C	F
8.	Ella tiene que escribir una composición para mañana.	C	F
9.	Carmen necesita ir a la biblioteca mañana.	C	F
10.	La librería está detrás de la biblioteca.	C	F
11.	Carmen va a la librería con Ana Rosa.	C	F
12.	El novio de Carmen vive lejos de la universidad.	C	F

¡ASÍ LO DECIMOS!

3-20 La universidad. Some new students on campus need help finding their classes. Answer their questions based on the campus map and following the model.

MODELO: ¿Dónde está la clase de anatomía?
► Está en la Facultad de Medicina que (*that*) está delante de la cafetería.

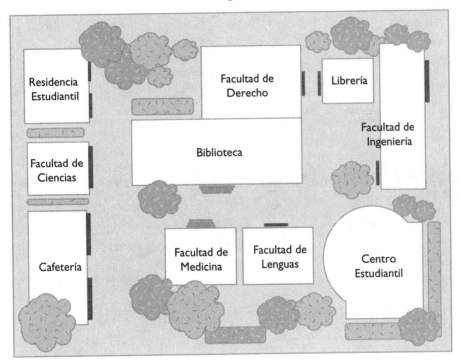

1. ¿Dónde está la clase de derecho?

   _____

   _____

2. ¿Dónde está la clase de ingeniería?

   _____

   _____

3. ¿Dónde está la clase de alemán?

   _____

   _____

4. ¿Dónde está la clase de química?

   _____

   _____

3-21 ¡Fuera de lugar! Circle the letter corresponding to the word or expression that does not fit in each group.

1. a. biblioteca
   b. jugo
   c. leche
   d. refresco

2. a. ensalada
   b. hamburguesa
   c. sándwich
   d. librería

3. a. Facultad de Arte
   b. almuerzo
   c. rectoría
   d. residencia estudiantil

4. a. enfrente
   b. mientras
   c. al lado
   d. delante

3-22 Consejos. Using the suggestions below, give advice for each occasion. Begin each sentence with **Es necesario** or **Hay que**.

preparar un almuerzo magnífico
asistir a una clase de francés
comprar un diccionario de español

beber mucho jugo
leer muy bien la novela
ir a la Facultad de Ciencias

1. Creo que estoy enfermo. Tengo calor y mucha sed.

_____

2. Tengo un examen difícil en la clase de literatura.

_____

3. Mis amigos tienen mucha hambre.

_____

4. Tenemos que hablar con la profesora de química.

_____

5. Tenemos interés en hablar otra lengua.

_____

6. Tenemos que escribir una composición para la clase de español.

_____

STRUCTURAS

The present tense of *estar*

3-23 ¿Cómo están? Describe the probable feelings of each person below using **estar** and one of the adjectives below. Remember to use agreement.

apurado	enfermo
cansado	ocupado
aburrido	enfadado
triste	perdido

1. ¡Son las dos y diez y mi clase es a las dos y cuarto!

   Yo _____

2. Tienen que leer una novela, escribir una composición y estudiar para un examen.

   Ellos _____

3. No estudiamos más. Es la medianoche.

   Nosotros _____

4. El profesor de historia habla y habla y habla. No es interesante.

   Nosotros _____

5. El perro (*dog*) de Paquito está muerto.

   Paquito _____

6. Tú llegas muy tarde a casa sin (*without*) telefonear.

   Tus padres _____

7. Mi novia no está bien. Va al hospital.

   Ella _____

8. Juan no sabe (*knows*) donde está la biblioteca.

   Él _____

3-24 En el teléfono. Complete the phone conversation between Alfredo and Teresa with the correct form of **estar**.

ALFREDO: ¡Hola Teresa! ¿Cómo _____?

TERESA: _____ bien, gracias, ¿y tú?

ALFREDO: _____ bien también. Oye, ¿dónde _____ Alcibiades?

TERESA: Él _____ en su casa porque _____ muy ocupado.

ALFREDO: Y, ¿dónde _____ Rafaela y Sandra?

TERESA: Ellas _____ enfermas, pero ¿dónde _____ mi novio?

ALFREDO: Él _____ en un concierto en un teatro que _____ cerca de aquí. Él _____ con Liliana Suárez.

TERESA: ¿Él _____ con Liliana Suárez? Mañana va a _____ muerto.

The present tense of *-er* and *-ir* verbs

3-25 ¡A completar! Complete the paragraph about a group of students by writing in the correct form of the verb in parentheses.

Mis amigas Esperanza, Clemencia y Amparo (1) _____ (vivir) en la residencia

estudiantil. Ellas (2) _____ (aprender) inglés en la universidad y (3) _____

(asistir) a clase por la mañana. Amparo y Esperanza (4) _____ (escribir) el inglés

muy bien pero Clemencia no (5) _____ (leer) el inglés muy bien. Yo

(6) _____ (creer) que ella (7) _____ (deber) estudiar más. Al

mediodía, cuando (8) _____ (abrir) la cafetería, ellas (9) _____ (comer)

allí. Yo también (10) _____ (comer) con ellas en la cafetería. Amparo y yo solamente

(11) _____ (comer) ensalada y (12) _____ (beber) jugo, mientras

que Esperanza y Clemencia (13) _____ (comer) hamburguesas y

(14) _____ (beber) agua mineral. Después del almuerzo, Clemencia siempre

(15) _____ (insistir) en dar un paseo. Mis amigas (16) _____ (creer) que es

bueno dar un paseo después del almuerzo, pero yo no (17) _____ (creer) eso (that).

Y tú, ¿(18) _____ (creer) eso también?

3-26 Actividades. Everyone is busy today. To describe what each person is doing, write the correct form of the appropriate verb in parentheses in the blank.

1. Adela _____ a la clase de francés mientras yo _____ una

   composición. (asistir/escribir)

2. Mis padres _____ un libro mientras nuestra familia _____

   a bailar. (leer/aprender)

3. Yo _____ una ensalada mientras tú _____ un refresco.

   (comer/beber)

4. Tú _____ muchas materias y yo _____ a muchos cursos.

   (aprender/asistir)

5. Mi novio _____ la puerta de la biblioteca mientras nosotros

   _____ un libro. (abrir/leer)

3-27 Preguntas y respuestas. Here are some questions a new friend asks you. Fill in each blank with the correct form of the verb in parentheses, and then answer the questions.

1. ¿Qué _____ en la universidad? (aprender)

2. ¿A qué hora _____ el centro estudiantil? (abrir)

3. ¿Qué _____ en el almuerzo? (beber)

4. ¿Qué _____ hacer por la tarde? (deber)

5. ¿Qué _____ en la clase de inglés? (leer)

6. ¿ _____ que es bueno dar un paseo después del almuerzo? (Creer)

7. ¿Qué _____ hoy por la noche? (hacer)

8. ¿A qué clases _____ hoy? (asistir)

The present progressive

3-28 ¡Apenas puedes estudiar! You've tried to study in your house, but there's too much noise. Describe what each person in the picture is doing, using the following expressions in the present progressive.

tocar la guitarra
aprender a cantar
comer hamburguesas
hablar por teléfono
hacer ejercicios

escuchar el estéreo
mirar la televisión
escribir una carta
servir unos refrescos
preparar el almuerzo

1. Ana _____

2. Margarita _____

3. Pepe _____

4. Clara _____

5. Felipe _____

6. Marta _____

7. Chonín _____

8. Olga _____

9. Alfredo _____

10. Esteban _____

3-29 Una conversación por teléfono. Felipe is thinking about his family and calls to see what everyone is doing. His mother picks up the phone and answers all his questions. Using the present progressive and the cues in parentheses, write her answers in the spaces provided. The first one has been done for you.

FELIPE: ¡Hola, mamá! ¿Qué estás haciendo?

MAMÁ: _Estoy preparando la comida._____ (preparar la comida)

FELIPE: ¿Y Alberto?

MAMÁ: _____ (jugar al fútbol)

FELIPE: ¿Y Belinda y Felo?

MAMÁ: _____ (dormir la siesta)

FELIPE: ¿Y Erica?

MAMÁ: _____ (servir refrescos)

FELIPE: ¿Y mi perro?

MAMÁ: _____ (comer su comida)

FELIPE: Bueno, hasta pronto, mamá.

SÍNTESIS
Al fin y al cabo

3-30 Una conversación entre amigos. Alejandro and Tomás are at their favorite café. Read their conversation, and then answer the questions.

ALEJANDRO: ¡Hola, Tomás! ¿Qué hay?

TOMÁS: Pues estoy aquí porque estoy muerto de cansancio. ¡Hoy no estudio más!

ALEJANDRO: Chico, ¿por qué estás cansado?

TOMÁS: Tengo que trabajar en el centro estudiantil los sábados y los domingos, tengo que escribir una composición para la clase de literatura, necesito estudiar para un examen de química y el cumpleaños de mi novia es el jueves. Hay una fiesta para ella en mi apartamento el viernes y hay que preparar todo eso.

ALEJANDRO: ¡Tranquilo, hombre! Soy tu amigo y no estoy ocupado esta semana. Voy a ayudarte (*help you*). ¿Qué necesitas?

TOMÁS: Hay que preparar comida y comprar refrescos para la fiesta.

ALEJANDRO: Está bien. Yo hago eso.

TOMÁS: ¡Muchísimas gracias, tú sí eres mi amigo!

1. ¿Cómo está Tomás?

   _____

2. ¿Cuándo trabaja Tomás?

   _____

3. ¿Para qué clase tiene que escribir una composición?

   _____

4. ¿En qué clase tiene examen?

   _____

5. ¿Qué hay en el apartamento de Tomás el viernes? ¿Por qué?

   _____

6. ¿Cómo va a ayudar Alejandro a Tomás?

   _____

3-31 Conversaciones. Write brief conversations based on the situations below.

1. Sofía is lost. She needs directions to the medical school. She meets Ana María in the street, says "Excuse me" and asks where the school is. Ana María says it's necessary to turn to the right and go between the administration building and the language lab. The medical school is across from the library. Sofía thanks her.

2. Andrés has just met Antonia. He asks what she is studying and learns that this semester she is studying chemistry in the afternoon, and Portuguese and biology in the morning. Andrés tells her that he is studying math, music, and economics. He asks her what time her chemistry class is. She answers at 2:30 and asks what time it is now. He says it's 2:25. They say goodbye to each other.

3-32 Tu vida universitaria. Write a two-paragraph essay describing your university life. In the first paragraph, state what you study this semester and describe some characteristics of your class, classmates and professor, and what you think of them. In the second paragraph, describe what you are going to do next weekend and some things you have to do in the weeks to come. Be creative!

_____

_____

_____

_____

_____

_____

_____

_____

_____

_____

_____

_____

_____

_____

_____

_____

_____

_____

_____

_____

_____

_____

Las relaciones personales

PRIMERA PARTE
¡Así es la vida!

4-1 Una carta de Marilú. Answer the questions with complete sentences according to the letter on page 109 of your textbook.

1. ¿De quién recibe una carta José Antonio? _____

   _____

2. ¿Quién es Marilú Suárez? _____

   _____

3. ¿Con quién está ella ahora? _____

   _____

4. ¿Qué hace Marilú en México? _____

   _____

5. ¿Cómo es la familia de Marilú? _____

   _____

6. ¿Cuáles son las profesiones de sus padres? _____

   _____

7. ¿Cuántos hermanos tiene Marilú? ¿Cómo se llaman? _____

   _____

8. ¿Quién es Pedrito? ¿Cómo es? _____

   _____

9. ¿Por qué tiene dificultades Marilú en escribir la carta? _____

   _____

10. ¿Cuándo regresa Marilú a la universidad? _____

    _____

¡ASÍ LO DECIMOS!

4-2 Tu familia. Describe your familial relationships by filling in each blank with a word from
¡Así lo decimos!

1. El padre de mi padre es mi _____.

2. La hermana de mi madre es mi _____.

3. El esposo de mi hermana es mi _____.

4. Los hijos de mi hermana son mis _____.

5. La madre de mi esposo es mi _____.

6. Las hijas de mi tío son mis _____.

7. La esposa de mi hijo es mi _____.

8. El hijo de mis padres es mi _____.

9. Los padres de mi madre son mis _____.

10. El esposo de mi hija es mi _____.

4-3 Preguntas personales. Your roommate wants to know more about your family. Answer
his/her questions in Spanish.

1. ¿De dónde son tus abuelos?

   _____

2. ¿Viven tus abuelos cerca o lejos de tu casa?

   _____

3. ¿Tienes hermanos o hermanas? ¿Son mayores o menores?

   _____

4. ¿Tienes muchos primos?

   _____

5. ¿Cómo son ellos?

   _____

6. ¿Cuántas tías tienes?

_____

7. ¿Quién es tu miembro favorito de la familia?

_____

8. ¿Qué miembro de la familia da guerra?

_____

 **STRUCTURAS**

Comparisons of equality and inequality

4-4 La familia. Compare families by combining the sentence on the left with the sentence on the right using **tan...como**.

MODELO: Mi primo es fuerte. Tu tío es fuerte.
     ► Mi primo es tan fuerte como tu tío.

1. Tus primos son inteligentes. Mis hermanos son inteligentes.

_____

2. Su padre es tímido. Nuestro padre es tímido.

_____

3. La nuera de mi tía es alta. Mi prima es alta.

_____

4. La madrasta de mi prima es amable. Mi cuñada es amable.

_____

5. Mi familia es unida. Tu familia es unida.

_____

6. Sus nietas son majaderas. Mi nieto es majadero.

_____

7. Su tío y su tía son atractivos. Mi tía es atractiva.

_____

8. Nuestro cuñado es trabajador. Su hermanastro es trabajador.

_____

4-5 Comparaciones. Write complete sentences using **tanto(a) … como** or **tantos(as) … como**.

MODELO: Yo / tener / primos / tú

► Yo tengo tantos primos como tú.

1. Mi familia / tener / dinero / tu familia

_____

2. Mi hermana / recibir / cartas / mis cuñadas

_____

3. Mis sobrinas / beber / jugo / sus sobrinos

_____

4. Sus padres / comer / hamburguesas / tus yernos

_____

5. Tus suegros / leer / novelas / tus padres

_____

6. Nuestra hija / comprar / mapas / su hija

_____

7. Nuestro abuelo / aprender / español / su abuelo

_____

8. Mi perro / tener / hambre / tu perro

_____

4-6 Más comparaciones. Complete the following sentences with a comparison of inequality.

MODELO: Mi hermana es guapa, pero tu hermana <u>es más guapa que mi hermana</u>.

1. Mi tío es agradable, pero tu tío _____

2. Nuestro padre es rico, pero su suegro _____

3. Mi prima es delgada, pero Luisa y Ana _____

4. Daniel es malo, pero Fidel _____

5. Tato es viejo, pero su hermano Cheo _____

6. Mi casa es pequeña, pero su casa _____

7. Jorge es joven, pero su primo Tito _____

8. Él es aburrido, pero Belinda _____

9. Darío y Juan son perezosos, pero María _____

10. Adrián es alegre, pero Pancho y Ramona _____

4-7 Mi familia y yo. Using a comparison of inequality, compare yourself to different members of your family in at least five areas. Follow the model.

MODELO: ► Yo soy más alto que mi hermano.

1. _____

2. _____

3. _____

4. _____

5. _____

Superlatives

4-8 ¡A cambiar! Replace the italicized word with the word in parentheses. Make changes when necessary. Follow the model.

MODELO: *Jacinto* es el chico más majadero de la familia. (Belinda)
        ► Belinda es la chica más majadera de la familia.

1. *Rafael* es el estudiante más inteligente de la clase. (Mario y Raúl)

_____

2. *Pepe* es el peor hombre del mundo. (Corina)

_____

3. *Mi hermana* es la muchacha más amable de la universidad. (Mario)

_____

4. *Raimundo* es el menor de la familia. (María y Sonia)

_____

5. *Julia* es la chica más atractiva de la ciudad. (Julio y Pilar)

_____

6. *Fabio* es el chico más pequeño del grupo. (David y Darío)

_____

7. *Carlos Miguel* es el primo más perezoso de la familia. (Ángela)

_____

8. *Don José* es el mejor profesor del mundo. (Doña Fela)

_____

4-9 Preguntas y respuestas. Answer the following questions with complete sentences using the superlative construction.

1. ¿Cuál de tus clases es la más interesante de todas?

_____

_____

2. ¿Cuáles son tus dos materias menos difíciles de todos tus cursos?

_____

_____

3. ¿Cuál es el edificio más grande de la universidad?

_____

_____

4. ¿Quién es el muchacho más guapo de la clase?

_____

_____

5. ¿Quién es la mejor profesora de la universidad?

_____

_____

6. ¿Quiénes son las chicas más inteligentes de la clase?

_____

_____

4-10 Mi familia es mejor que tu familia. Paco likes to top whatever his friend Jorge says. Using comparative and superlative forms, write his responses to Jorge, following the model.

MODELO: JORGE: Mi familia es fabulosa.
(familia/fabulosa/mundo)

PACO: ► Pues, mi familia es más fabulosa que tu familia. Es la familia más fabulosa del mundo.

1. JORGE: Mi padre es un muy buen dentista.

   (madre/mejor/México)

   PACO: _____

2. JORGE: Mis hermanos mayores son muy buenos estudiantes.

   (hermana/mejor/colegio)

   PACO: _____

3. JORGE: Mi perro es muy inteligente.

   (perro/inteligente/todos los perros)

   PACO: _____

4. JORGE: Mis abuelos son muy generosos.

   (abuela/generosa/Acapulco)

   PACO: _____

5. JORGE: Mis primas son muy simpáticas.

   (prima/simpática/todo el país)

   PACO: _____

4-11 Todos somos iguales. Overhearing Paco's and Jorge's comments, you remind them that it's not always fair to compare people. Using the situations from the previous exercise, write new comparisons according to the model.

MODELO: ► Paco, tu familia no es más fabulosa que la familia de Jorge. Es tan fabulosa como la familia de Jorge.

1. _____

2. _____

3. _____

4. _____

5. _____

4-12 Preguntas personales. Answer the following questions in Spanish.

1. ¿Quiénes en tu familia son mayores que tú?

   _____

2. ¿Quién en tu familia es menor que tú?

   _____

3. ¿Quién es la persona mayor de tu familia?

   _____

4. ¿Cómo se llama el mejor de tus amigos?

   _____

5. ¿Quiénes son los mejores estudiantes de tu escuela?

   _____

6. ¿Quién es el peor chico de la residencia estudiantil? ¿Por qué?

   _____

SEGUNDA PARTE
¡Así es la vida!

4-13 Una invitación. Complete the sentences according to the dialog on page 122 of your textbook.

1. Raúl llama a Laura para ver si _____

2. El cine se llama _____

3. En el cine están presentando _____

4. Esta película es _____

5. Laura le pregunta a Raúl _____

6. La película es _____

7. Raúl pasa por Laura _____

4-14 Más invitaciones. Laura and Raúl had a wonderful time at the movies and have decided to see each other again. Using the dialog on page 122 of your textbook as a model, write a brief conversation to suit the following situation.

Laura calls Raúl and invites him to go dancing at the new discotheque "La Bamba." He says he would love to and asks her what time she's coming by for him. She answers at 8:15, and then they say good-bye.

_____

_____

_____

_____

_____

_____

_____

_____

_____

_____

_____

_____

_____

_____

4-15 Unas preguntas. Complete each conversation with a response from the following list.

Sí, vamos.	A las seis.
Sí, me encantaría.	Muchas gracias.

1. ¿Puedes ir al cine esta noche? _____

2. ¿A qué hora pasas por mí? _____

3. ¡Qué bonita estás! _____

4. ¿Vamos al concierto esta noche? _____

 **STRUCTURAS**

The present tense of stem-changing *e* → *ie* verbs

4-16 Pasatiempos. Fill in the blanks with the correct form of the indicated verb to find out what these people do.

1. **querer**

   Elena _____ (querer) ir al centro. Nosotros también _____ ir con ella.

   _____ ustedes ir con nosotros? Y tú, ¿adónde _____ ir?

2. **preferir**

   Mis amigos _____ (preferir) pasear por el centro. Rodolfo _____

   correr por el parque. ¿Qué _____ Ud.? Yo _____ conversar con mis

   amigos en un café. ¿_____ Uds. ir a un café o a un parque?

3. **pensar**

   Yo _____ (pensar) visitar a mis amigos el sábado. Mis hermanas _____

   ir al cine. ¿_____ ustedes ir a la fiesta de Juan? Sandra _____ ir

   también. ¿_____ tú ir con ella?

4-17 Tu familia. Answer these questions about your family with complete sentences.

1. ¿Tienes muchos hermanos?

   _____

2. ¿Vienen ellos a la universidad?

   _____

3. ¿Piensas visitar a tu familia pronto? ¿Cuándo?

   _____

4. ¿Entienden tus padres español?

   _____

5. ¿Qué prefieres hacer con tu familia: tener una fiesta o conversar?

   _____

Summary of *ser* vs. *estar*

4-18 Mi familia. Fill in the blanks with a form of **ser** or **estar** to complete the descriptions of the following people.

1. **Mi padre**

   Mi padre _____ alto y delgado, y _____ ecuatoriano. Pero ahora

   _____ en los Estados Unidos donde _____ trabajando para una

   compañía internacional. _____ un hombre muy trabajador. Él _____

   contento aquí en los EE.UU. porque toda la familia _____ aquí también.

2. **Mis primas**

   Mis primas _____ muy bonitas, pero esta noche _____ especialmente

   bonitas porque van a una fiesta con sus novios. La fiesta _____ a las nueve.

   _____ las ocho ahora y ellas _____ preparándose para la fiesta. La

   fiesta _____ en casa de una amiga.

3. **Mi familia y yo**

   Mi familia _____ fantástica. Mis hermanos mayores _____ muy

   divertidos. Mis padres _____ buenos. Su aniversario _____ mañana.

   Mi madre _____ abogada y mi padre _____ profesor. Yo

   _____ muy contenta con mi familia, con excepción de mi hermana menor. Ella

   _____ antipática y aburrida. No, no _____ verdad. Ella

   _____ muy simpática y bonita en realidad.

4-19 Entrevista. Answer these questions about yourself and your family.

MODELO: Tú

       ¿Enfermo(a)?

       ► Sí, estoy enfermo(a). (or) No, no estoy enfermo(a).

Tu hermano

1. ¿De los EE.UU.? _____

2. ¿En la universidad ahora? _____

3. ¿Grande? _____

4. ¿Trabajando? _____

Tú

5. ¿Una buena persona? _____

6. ¿Listo(a)? _____

7. ¿Listo(a) para ir al cine? _____

8. ¿Estudiando? _____

9. ¿Alto(a)? _____

Ustedes (tú y tu familia)

10. ¿Españoles? _____

11. ¿En casa? _____

12. ¿Enfermos? _____

4-20 ¡A escribir! Write complete questions using the words in parentheses and the correct form of **ser** or **estar**. Follow the model.

MODELO: ¿Tu familia ? (española)
   ► ¿Es española tu familia?

1. ¿Tu tío? (viejo) _____

2. ¿Tus hermanas? (enfermas) _____

3. ¿Tú? (contento) _____

4. ¿Tus primos? (listos para ir al cine) _____

5. ¿Tu tía? (alta) _____

6. ¿Tu madre? (abogada) _____

7. ¿Tu nuera? (alegre) _____

4-21 ¡A completar! Complete the following dialog with the correct form of **ser** or **estar**.

—¡Hola! ¿Cómo te llamas? ¿De dónde (1) _____?

—Me llamo Juan Gualberto Gómez Francesena.(2) _____ mexicano, pero mis

   padres (3) _____ venezolanos. Ellos (4) _____ de Mérida, Venezuela

   pero ahora todos nosotros (5) _____ viviendo en la Ciudad de México que

   (6) _____ la capital del país. La Ciudad de México (7) _____ una

ciudad muy bonita y (8) _____ la ciudad más grande del país. En la capital voy a

muchos conciertos que (9) _____ divertidos. Esta noche voy a ir al concierto de

Mongo Clipper. El concierto (10) _____ a las diez de la noche.

(11) _____ en el teatro que (12) _____ cerca de mi casa. Voy con

un amigo porque mi novia (13) _____ enferma.

The personal *a*

4-22 El fin de semana. Fill in the blanks with the personal **a** when needed to describe
everyone's plans for the weekend.

1. Enrique va a ver _____ Antonio y _____ Sandra.

2. Llevo _____ mis hermanos a la playa.

3. Leo _____ una novela interesante.

4. Vamos a visitar _____ la playa y luego _____ mi familia.

5. Invito _____ Rodolfo a la fiesta.

6. Necesitamos llevar _____ refrescos y _____ sándwiches a la fiesta.

7. Anita compra _____ un suéter.

8. Llamamos _____ Sandra y _____ sus amigos.

9. Raúl tiene _____ tres amigos que son venezolanos.

10. Vamos a invitar _____ los parientes de Rafael.

Saber and *conocer*

4-23 Una entrevista. You and your friend are discussing your common acquaintances. Fill in the
blanks with the correct form of the verb **saber** or **conocer**, and then answer the questions.

1. ¿_____ (tú) bien a mis primas?

2. ¿_____ (tú) dónde viven exactamente?

3. ¿_____ (tú) también a mis tíos?

4. ¿_____ mi tía que tú eres mi amigo(a)?

5. ¿_____ (ellas) cuándo es la reunión de toda la familia?

4-24 Más información. Your friend wants to know more about your cousins. Fill in the blanks with the correct form of **saber** or **conocer**.

1. ¿_____ ellas jugar al vólibol?

2. ¿_____ ellas a toda tu familia también?

3. ¿_____ Marcela bailar bien?

4. ¿_____ (ellas) a tus padres también?

5. ¿_____ (tú) si ellos visitan a sus padres en diciembre?

6. ¿_____ (ellas) que yo estudio español?

7. ¿_____ Anita que vives conmigo en la universidad?

8. ¿_____ (tú) al novio de Anita?

9. ¿_____ Marcela hablar francés?

10. ¿_____ (tú) a mis tíos?

4-25 Un diálogo. Complete the following dialog two friends are having about a new student with the correct form of **saber** or **conocer**.

—¿ _____ al estudiante nuevo? ¿_____ cómo se llama?

—No _____ cómo se llama pero _____ que su apodo

es Macho Camacho.

—¿ _____ si Macho habla español?

—Sí, _____ que habla español.

—¿ _____ dónde vive?

—Yo no _____ dónde vive pero mi hermano Paco _____

que vive cerca de la universidad.

—Y ¿ Paco _____ a Macho?

—Sí, Paco _____ a Macho y también _____ a su novia.

Yo no _____ a la novia de Macho, pero _____ que se llama

Remedios. ¿ _____ tú a Remedios?

—No, yo no _____ a Remedios.

—Bueno, hasta luego. Tengo que estudiar.

—Adiós.

Al fin y al cabo

4-26 Un viaje. Read this letter Cristina received from her friend Verónica, who is on vacation in Cancún, Mexico. Then answer the questions that follow with complete sentences.

¡Hola, Cristina!

¿Cómo estás? Aquí estoy tomando el sol en la playa más bonita del mundo. Estoy muy bien y todo está bien. Nuestra amiga Carmen está aquí también. Ella está conversando en la playa con unos chicos que son muy guapos. Ellos también están pasando las vacaciones aquí. Esta tarde pensamos nadar un poco y después vamos a dar un paseo por el parque. Por la noche vamos a bailar en una discoteca nueva. ¿Sabes que mañana vamos a visitar las ruinas de Chichén Itzá ¡Me encanta México!

Y tú, ¿cómo estás? Pienso que estás leyendo la novela para la clase de literatura. Bueno, ahora vamos a correr un poco por la playa y esta noche antes de ir a la discoteca vamos a comer hamburguesas en un restaurante norteamericano.

Abrazos,
Verónica

1. ¿Dónde está Verónica? ¿Por qué está allí?

   _____

2. ¿Qué está haciendo ella?

   _____

3. ¿Dónde está Carmen? ¿Qué está haciendo?

   _____

4. ¿Qué van a hacer Verónica y Carmen por la tarde?

   _____

5. ¿Adónde van ellas esta noche?

_____

6. ¿Adónde van las chicas mañana?

_____

7. ¿Qué piensa Verónica que Cristina está haciendo?

_____

8. ¿Qué van a hacer las chicas antes de ir a la discoteca?

_____

4-27 Descripciones. Your roommate is meeting some friends of yours at the airport. Give him/her a description of these people to help identify them.

| Chucho | Marina | Carlos |

1. _____

_____

_____

2. _____

_____

_____

3. _____

_____

_____

4-28 ¡A escribir! Imagine that you are studying at the University of Guadalajara. Write a letter to your best friend telling him/her about the university and the family you are staying with.

Fecha _____

_____

_____

_____

_____

_____

_____

_____

_____

_____

_____

_____

_____

_____

_____

_____

_____

¡A divertirnos!

PRIMERA PARTE
¡Así es la vida!

5-1 El fin de semana. Reread the conversations on page 145 of your textbook and complete each statement accordingly.

Escena 1

1. Hoy es _____

2. El problema de Karen y Ricardo es que no saben _____

   _____

3. Como quieren información sobre las actividades para este sábado, ellos están _____

   _____

4. Una actividad posible es _____

5. Karen no quiere ir al partido porque _____

   _____

6. Otra actividad posible es _____

Escena 2

7. En la opinión de Linnette, es un día perfecto para _____ porque _____

   _____

8. En Luquillo, Linnette quiere _____

9. Primero, Scott va a preparar _____ y luego él decide

   _____

10. Ricardo va a _____

Escena 3

11. Linnette no ve _____ en _____

12. Scott cree que los trajes de baño _____

13. Ahora los amigos no _____

¡ASÍ LO DECIMOS!

5-2 ¿Qué te parece? Your friends have suggested various activities for the weekend. React to each suggestion, using an expression from the following list.

¡Magnífico!	¡Ideal!	¡Bárbaro!
¡Fabuloso!	¡Fantástico!	¡Estupendo!
Es una buena/mala idea.		Sí,/No tienes razón.
Me da igual.		No sé. ¿Qué te parece?

1. No hace buen tiempo. ¿Vamos a la playa?

   _____

2. ¿Vamos al concierto o al cine?

   _____

3. Es un día perfecto para ir al mar, ¿verdad?

   _____

4. ¿Qué vamos a hacer hoy?

   _____

5. ¿Qué te parece ir a la fiesta esta noche?

   _____

6. ¿Vamos a un concierto de música popular?

   _____

7. ¿Qué tal si hacemos un pícnic?

   _____

8. ¿Por qué no damos un paseo?

   _____

5-3 ¡A completar! Complete each statement with the most appropriate word from the list below.

bolsa	heladera	anuncio
entrada	traje de baño	refresco
sombrilla	baúl	

1. Hace mucho calor, necesito una _____ .

2. Paco quiere nadar en la playa, necesita un _____ .

3. El hielo está en la _____ .

4. Tengo sed, compro un _____ .

5. El _____ de su carro es grande.

6. Leemos el _____ en el centro estudiantil.

7. Las toallas están en la _____ .

8. No tiene dinero para comprar la _____ para el partido.

5-4 En el teatro. A friend has invited you to the theatre tonight. Read the ticket carefully and answer the questions in Spanish.

TEATRO DE LA ABADIA

"DIATRIBA DE AMOR COTRA UN HOMBRE SENTADO"
TEATRO LIBRE DE BOGOTA
JUEVES 26-OCT-95
HORA: 21:00
PRECIO: 2.000
BUTACA
FILA: 5   ASIENTO: 10

TEATRO DE LA ABADIA
C/. FERNANEZ DE LOS RIOS, 42
28015-MADRID
N.I.F.-G-80476161
TELF-91-448.16.27
20130549 REF: 1222546051

CAJA DE CATALUÑA   CAJA DE CATALUÑA   CAJA DE CATALUÑA   CAJA DE

1. ¿Cómo se llama el teatro? _____

2. ¿Cómo se llama la obra teatral? _____

3. ¿Cuál es la dirección del teatro? _____

4. ¿Qué día es la obra? _____

5. ¿A qué hora es? _____

6. ¿Cuánto cuesta la entrada? _____

7. ¿En qué fila está la butaca? _____

8. ¿Hay un número de teléfono para el teatro? Si lo hay, ¿cuál es? _____

_____

5-5 ¿Qué tiempo hace? Complete the sentences logically. The first one has been done for you.

1. En diciembre ___hace frío y nieva___

2. En otoño _____

3. Cuando voy a la playa _____

4. Necesito otro suéter cuando _____

5. En la primavera _____

6. Cuando hace _____ yo _____

7. En el verano _____

8. Cuando no _____ yo _____

ESTRUCTURAS

The present indicative of *salir, ver, traer, poner,* and *hacer*

5-6 Varias situaciones. What do people do on different occasions? Fill in the blanks with the correct form of the indicated verb.

1. **poner**

   Ana y Pepe siempre _____ sus libros en la mochila. Yo

   _____ mis libros en una bolsa grande. Y tú, ¿dónde

   _____ tus libros? Mi amigo Raúl no _____ .

   sus libros en una mochila. ¡Los tiene en su coche!

2. **salir (a, de, con)**

   Sandra _____ Teodoro. Ellos _____ nadar

   todas las tardes y por la noche _____ comer en un restaurante. ¡Ideal!

   Yo _____ la casa a las ocho de la mañana y

   _____ trabajo a las cinco. Mis amigos y yo no

   _____ los restaurantes, porque son muy caros ¡Qué suerte la nuestra!

3. **ver**

¿Qué _____ tú en la televisión? Mi padre _____

los partidos de béisbol y mis hermanos _____ los partidos de fútbol. Mi

madre y yo _____ los anuncios. Yo también

_____ las películas.

4. **hacer**

¿Qué _____ tú ahora? Yo _____ mi trabajo

para la clase de historia. Mis amigos _____ los ejercicios de

matemáticas. Vamos a _____ un pícnic el sábado si

_____ buen tiempo.

5. **traer**

¿Qué _____ tú para la fiesta de Raúl? Su cumpleaños es mañana. Yo

_____ refrescos y Teresa _____ hielo.

Quique y Eduardo _____ sándwiches.

5-7 Los planes. These friends have plans for the weekend. Fill in the blanks with a form
(conjugated or infinitive) of the most logical verb: **salir**, **poner**, **ver**, **hacer** or **traer**.

Federico y Timoteo _____ hoy para la playa. Timoteo _____

los sándwiches. Federico _____ los refrescos. Federico _____

todas las cosas en el baúl de su coche. Piensan _____ a las tres de la tarde. A las

dos y media Timoteo llama a Federico.

TIMOTEO: ¡Hola, Federico! ¿A qué hora _____ (nosotros)?

FEDERICO: En 30 minutos. Yo _____ mis cosas en el coche ahora.

TIMOTEO: Fede, no es posible _____ a las tres. Necesito

_____ a mi profesor de historia antes de _____ .

¿Qué _____ yo?

FEDERICO: ¿A qué hora tienes que _____ a tu profesor?

TIMOTEO: A las tres y cuarto. (Yo) _____ de mi casa ahora.

FEDERICO: Chico, no hay problema. Tú y yo _____ a las cuatro…

The present tense of *oír* and *decir*

5-8 En el pícnic. You and your friends are at the beach and each of you has brought a walkman. What is everyone listening to? Follow the model.

MODELO: Rolando / un partido de básquetbol
► Rolando oye un partido de básquetbol.

1. Julio Mario / un concierto de música clásica

_____

2. Carmen / un programa cómico

_____

3. Yo / no oír nada

_____

4. Juan y tu hermano / una entrevista con Michael Jordan

_____

5. Nosotros / el pronóstico del tiempo

_____

6. Roberto / un programa de música española

_____

5-9 Los chismosos. Armando and Mario are always spreading rumors. Find out their latest rumor by completing the conversation between Amanda and Juana. Use the present tense of **decir**.

JUANA: Oye, Amanda, Mario y Armando _____ que tú eres la novia de Gerardo.

AMANDA: ¿Qué _____ tú , Juana?

JUANA: Yo solamente (*only*) _____ que Mario y Armando _____

que tú eres la novia de Gerardo.

AMANDA: Y ¿qué _____ ustedes?

JUANA: Nosotros _____ que no es verdad pero Mario _____ que tú

vas a la playa con Gerardo todos los sábados.

AMANDA: Pues, yo _____ que él no dice la verdad y que es un mentiroso (*liar*).

Direct object pronouns

5-10 Los planes. You and a friend are on a day trip deciding what to bring. Answer the questions, following the model.

MODELO: ¿Necesitamos los libros? (no)
  ► No, no los necesitamos.

1. ¿Llevamos los trajes de baño? (sí)

   _____

2. ¿Necesitamos la heladera? (sí)

   _____

3. ¿Traemos el cesto? (sí)

   _____

4. ¿Traemos las toallas? (sí)

   _____

5. ¿Necesitamos la sombrilla? (no)

   _____

6. ¿Llevamos un libro? (no)

   _____

7. ¿Hacemos los sándwiches? (no)

   _____

8. ¿Vamos a comprar los refrescos? (sí)

   _____

9. ¿Necesitamos llevar las bolsas? (no)

   _____

10. ¿Compramos el hielo? (sí)

   _____

5-11 Hablando por teléfono. Your neighbor is a busybody and wants to know what everyone in your family is doing. Answer each question by using the progressive form of the verb and replacing the italicized word with the appropriate object pronoun. Follow the model.

MODELO: ¿Prepara tu hermana *un sándwich*?
       ► Mi hermana está preparándolo.

1. ¿Miran *la televisión* tus padres?

   _____

2. ¿Lee *una novela* tu hermana?

   _____

3. ¿Beben *refrescos* tus hermanos?

   _____

4. ¿Come *el almuerzo* tu abuelo?

   _____

5. ¿Escribe *una carta* tu prima?

   _____

6. ¿Toca *la guitarra* tu tío?

   _____

7. ¿Sirve *unos refrescos* tu abuela?

   _____

8. ¿Escuchan *el estéreo* tus hermanas?

   _____

SEGUNDA PARTE
¡Así es la vida!

5-12 Hablando de deportes. Reread the passages on page 160 of your textbook and indicate whether each statement is **C (cierto)** or **F (falso)**. If a statement is false, cross out the incorrect information and write the correction above it.

1. María Luján juega al tenis en invierno.		C	F
2. Ella va a Bariloche en invierno.		C	F
3. La deportista favorita de María Luján es Gabriela Sabatini.		C	F
4. Daniel Prenat es entrenador de un equipo de béisbol.		C	F
5. A Daniel le caen bien los árbitros.		C	F
6. Fernando Vázquez Soto practica el béisbol.		C	F
7. Él es el jardinero derecho del equipo.		C	F
8. Fernando es la estrella del equipo.		C	F
9. Alejandra dice que el tenis es rápido.		C	F
10. Alejandra entiende el fútbol americano.		C	F

¡ASÍ LO DECIMOS!

5-13 Los deportes. Explain the following sports to someone unfamiliar with them by completing each statement with words or expressions from **¡Así lo decimos!**

1. Para jugar al tenis, necesitas una _____ y una _____ .

2. Para jugar al béisbol, necesitas un _____ y un _____ .

3. Para jugar al básquetbol, necesito un _____ .

4. Juego al fútbol en una _____ .

5. Cuando hay errores en un partido el _____ los anuncia.

6. Los _____ gritan mucho durante un campeonato, especialmente los

   fanáticos.

7. Las personas que juegan un deporte son los _____ y la persona que juega

muy bien es la _____ .

8. El _____ enseña a los jugadores.

9. Todos los jugadores forman un _____ .

10. Cuando dos equipos _____, no ganan y no pierden.

5-14 Asociaciones. Match the word or expression in the right column to the word in the left column.

1. _____ correr   a. no ganar, no perder

2. _____ empatar   b. la natación

3. _____ gritar   c. una bicicleta

4. _____ esquiar   d. el béisbol

5. _____ nadar   e. el atletismo

6. _____ el jardinero   f. el hockey

7. _____ la estrella   g. el (la) campeón(a)

8. _____ el ciclismo   h. el (la) aficionado(a)

9. _____ patinar   i. la raqueta

10. _____ el tenista   j. los esquís

5-15 ¿Qué gritas? Choosing from the list below, write what you would shout during a game in each situation.

¡Abajo!   ¡Arriba!   ¡Viva!
¡Qué pase!   ¡Vamos!   ¡Qué jugada!

1. No está bien la decisión del árbitro. _____

2. Tu equipo favorito está perdiendo. _____

3. Tu equipo favorito gana. _____

4. Hay dos minutos más y la estrella del equipo entra en la cancha. _____

5. Un jugador pasa el balón muy bien. _____

6. Una jugadora favorita intercepta el balón. _____

5-16 ¿Te gustan los deportes? Describe your attitude toward the following sports. Begin each sentence with **Me gusta** or **No me gusta** and give a reason why, using one of the adjectives from the list.

MODELO: el tenis
    ► Me gusta el tenis porque es muy activo.

aburrido	rápido	emocionante
violento	interesante	divertido
agresivo	disciplinado	lento
activo		

1. el básquetbol _____

2. la natación _____

3. el ciclismo _____

4. el hockey _____

5. el tenis de mesa _____

6. el esquí _____

5-17 Los récords mundiales. Look at the chart and answer the questions in complete sentences.

Los récords mundiales de 4x100m
(en segundos y centésimas de segundo)

1972	Munich	EEUU	38.10
1977	Dusseldorf	EEUU	38.03
1983	Helsinki	EEUU	37.86
1984	Los Angeles	EEUU	37.83
1990	Split	Francia	37.79
1991	Mónaco	EEUU	37.79
1991	Zurich	EEUU	37.67
1991	Tokio	EEUU	37.70
8 Agosto 1992	Barcelona	EEUU	37.40

1. ¿Cuál es el deporte de los récords mundiales?

_____

2. ¿Cuántos récords mundiales tienen los Estados Unidos?

_____

3. ¿Qué otro equipo tiene otro récord mundial?

_____

4. ¿Cuál es el mejor récord?

_____

5. ¿De cuántos segundos es?

_____

STRUCTURAS

The present tense of stem-changing verbs *o → ue*

5-18 El partido. There is a soccer match today. What is happening before and during the game? Fill in the blanks with the correct form of an appropriate verb from the list.

volver	contar	dormir
empezar	llover	encontrar
poder	almorzar	mostrar

1. Hoy _____ y hace frío.

2. Los aficionados tienen hambre y _____ en el estadio.

3. El partido _____ a la una.

4. El árbitro _____ los jugadores que hay en la cancha.

5. El jugador busca el balón pero no _____ encontrarlo.

6. El entrenador les _____ las jugadas al equipo.

7. La estrella _____ a la cancha.

8. Él no _____ el balón.

9. El partido está aburrido y los aficionados _____ .

5-19 Un día en la vida de Cheo. What is Cheo doing today? Fill in the blank with the correct form of the verb in parentheses.

Cheo (1) _____ (soñar) con ser un jugador de béisbol. El no

(2) _____ (almorzar) mucho y (3) _____

(dormir) poco, pero siempre (4) _____ (encontrar) tiempo para

jugar al béisbol. Hoy él le (5) _____ (mostrar) a sus amigos su

uniforme, pero no (6) _____ (poder) jugar al béisbol porque

(7) _____ (llover) mucho.

Nombre: _____ Fecha: _____

5-20 Situaciones deportivas. Fill in each blank with the appropriate indirect object pronoun to match the indirect object in italics.

1. El entrenador _____ enseña el pase *a la jugadora*.

2. *A mí* no _____ gusta el boxeo porque es violento.

3. ¿El jugador _____ habla *a ti*?

4. Susana _____ muestra la foto del equipo *a nosotros*.

5. La estrella del equipo _____ compra guantes *a sus aficionados*.

6. Los aficionados _____ gritan *a los árbitros*.

7. ¿_____ cuentas *a mí* porqué nuestro equipo está perdiendo?

8. Yo _____ escribo *a Uds.* todos los jueves.

9. Ellos _____ explican el fútbol *a nosotros*.

10. ¿_____ traigo el uniforme *a ti*?

5-21 En la tienda. You are going shopping at a sporting goods store. Explain whom is each gift for. Follow the model.

MODELO: a mi tío / un balón
   ► Le regalo un balón a mi tío.

1. a mis primos / raqueta

   _____

2. a mis amigos / tres bates

   _____

3. a tus primos / dos guantes

   _____

4. a mi padre / una pelota

   _____

5. a mis hermanas / los esquís

   _____

6. a ti / un traje de baño

   _____

Gustar and other similar verbs

5-22 ¡A completar! Complete each statement with the correct form of the verb in parentheses and the corresponding indirect object pronoun. Follow the model.

MODELO: __Me gustan__ los deportes a mí. (gustar)

1. _____ el bate a nosotros. (faltar)

2. ¿A ti _____ los aficionados? (molestar)

3. A nosotros _____ dos partidos más. (quedar)

4. ¿A Uds. _____ el béisbol? (interesar)

5. A los jugadores _____ la entrenadora. (gustar)

6. A mí _____ los jugadores. (caer bien)

7. A Jorge _____ los deportes. (gustar)

8. Al entrenador _____ el árbitro. (caer mal)

9. ¿_____ el vólibol a Uds.? (interesar)

10. No _____ practicar más a Elena. (molestar)

5-23 Mis opiniones. Complete the following paragraph with the correct form of the verbs in parentheses.

A mí me (1) _____ (gustar) todos los deportes pero no me (2) _____

(caer) bien todos los jugadores. También me (3) _____ (molestar) los

aficionados que gritan mucho. ¿Te (4) _____ (gustar) los deportes? ¿Quiénes

son los jugadores que te (5) _____ (caer) bien? Me (6) _____

(quedar) dos entradas para ir a un partido hoy. ¿Te (7) _____ (gustar) ir? Si

quieres ir, te invito porque tú me (8) _____ (caer) bien.

Nombre: _____   Fecha: _____

5-24 Combinación. Write ten sentences using items from each column. Give a reason for each statement.

MODELO: ► A mí me gusta el boxeo porque es violento.

A mí		me		la cancha
A ti		te		el árbitro
A él		le		el vólibol
A ella		les		el golf
A nosotros		nos		el boxeo
A ellos				el ciclismo
A ellas				la gimnasia
A ustedes	no		gusta(n)	el entrenador
A nuestros amigos				la estrella
A tus amigos				los aficionados
				los jugadores
				patear
				perder
				ganar
				la tenista

1. _____

2. _____

3. _____

4. _____

5. _____

6. _____

7. _____

8. _____

9. _____

10. _____

Prepositional pronouns

5-25 Clarificación. Fill in the blanks with **a** and the prepositional pronoun to clarify or emphasize the indirect object in each statement.

1. _____ nos gusta el béisbol.

2. ¿_____ te molestan los aficionados?

3. _____ me gustan los guantes.

4. _____ le interesan los deportes.

5. _____ les gusta hacer un pícnic.

5-26 Cuestionario. Answer each question with a complete sentence in Spanish.

1. Para ti, ¿es más importante estudiar o jugar a los deportes?

   _____

2. ¿Quién estudia contigo?

   _____

3. ¿A Uds. les interesa más, el vólibol o el tenis?

   _____

4. ¿Quién juega tu deporte favorito contigo?

   _____

5. ¿Qué les gusta más a Uds., el béisbol o el básquetbol?

   _____

SÍNTESIS
Al fin y al cabo

5-27 Un informe. You work at the student activity center and you need to write a report providing the following information:

- students' likes and dislikes
- how students generally spend their time
- what students do when it's raining / cold / hot
- where students go for lunch or coffee
- students' favorite sports
- students' preferred weekend activities

_____
_____
_____
_____
_____
_____
_____
_____
_____
_____
_____
_____
_____
_____
_____
_____
_____
_____

5-28 Un partido. Create a story about Raúl based on the two pictures. Try to use as much vocabulary from the chapter as possible and be creative. Indicate Raul's age, where he is from, his ambitions, and how he feels about his team. Describe the ball field, the weather and the fans.

_____

_____

_____

_____

_____

_____

_____

_____

_____

_____

_____

_____

_____

_____

5-29 El fin de semana. Which of these events interest you, and which ones do not? Explain why. Invite some friends to attend one of the events with you.

TEATRO CALDERON
PLAZA DE JACINTO BENAVENTE

Ballet
Clásico de Madrid

La Catedral
Bar - Restaurante

Si quieres conocer gente Maravillosa como tú, ven a nuestros Viernes de Oro, donde tenemos todos una cita, para conocernos, tomar una copa, bailar, etc., de 8 Tarde a 12 Noche. ¡Ah!., estamos en la calle Fuencarral, 28, y nuestro teléfono es el 522 55 16

_____

_____

_____

_____

_____

_____

_____

_____

_____

5-30 En un partido de... Imagine you are a sportscaster covering a game on TV. Write a brief paragraph narrating the game.

Muy buenas noches, amigos aficionados. Hoy hay un partido muy importante entre el equipo de

_____ y el equipo de _____.

_____

_____

_____

_____

_____

_____

_____

_____

_____

_____

_____

_____

_____

_____

_____

PRIMERA PARTE
¡Así es la vida!

6-1 ¡Buen provecho! Reread the conversations on pages 185 of your textbook and indicate if each statement is **C** (**cierto**) or **F** (**falso**). If a statement is false, cross out the incorrect information and write the correction above it.

Escena 1

1. Marta no tiene hambre.	C	F
2. A Marta le gustan mucho las hamburguesas.	C	F
3. Marta quiere ir al restaurante Don Pepe.	C	F
4. En el restaurante Don Pepe, no sirven comida hispana.	C	F

Escena 2

5. El camarero no tiene mucha prisa.	C	F
6. Marta no quiere beber nada.	C	F
7. Arturo quiere beber un refresco.	C	F

Escena 3

8. La especialidad de la casa son los camarones.	C	F
9. Los camarones son a la parrilla.	C	F
10. A Marta le gustan mucho los camarones.	C	F
11. Arturo pide un bistec de solomillo y una ensalada.	C	F

Escena 4

12. A Arturo no le gustan mucho los camarones.	C	F
13. La comida de Marta está muy buena.	C	F
14. A Marta le gusta la carne cruda.	C	F
15. Marta quiere volver a este restaurante otra vez.	C	F

6-2 Comentarios. How would you respond to each question or statement below in a restaurant? Choose the best responses from the list and write them on the lines provided.

¡Buen provecho!   Sí, quisiera el pollo asado.
Enseguida.   Solamente la cuenta, por favor.
Sí, me muero de hambre.   Están como para chuparse los dedos.
La especialidad de la casa es el cerdo.

1. ¡Hola!, Ana. ¿Quieres almorzar conmigo?

   _____

2. ¿Qué recomienda Ud.?

   _____

3. ¿Quisiera Ud. pedir ahora?

   _____

4. Bueno, aquí están las comidas.

   _____

5. ¿Cómo están los camarones?

   _____

6. Camarero, ¿puede Ud. traernos más vino?

   _____

7. ¿Puedo traerles algo más?

   _____

Nombre: _____   Fecha: _____

6-3 Los utensilios. Locate six items used to set the table.

T	M	T	E	N	E	D	O	R	C
F	A	C	U	C	H	I	L	L	U
B	N	Z	A	B	A	U	J	O	C
I	T	R	A	Y	O	C	N	T	H
S	E	R	V	I	L	L	E	T	A
P	L	U	E	R	C	I	H	M	R
X	A	C	O	P	A	L	S	I	A
C	U	C	H	I	L	L	O	N

6-4 Categorías. You are a dietician and an expert on food categories. Write as many different foods and beverages as you can think of for each category.

1. carnes _____

_____

2. legumbres verdes _____

_____

3. legumbres rojas _____

_____

4. bebidas_____

_____

5. legumbres redondas _____

_____

6. frutas rojas _____

_____

7. frutas pequeñas _____

_____

8. frutas verdes_____

_____

6-5 ¿Cómo están estas comidas? Comment on the quality of the food by using **está** and an adjective to fit each situation.

1. Es un buen restaurante. Toda la comida _____

2. Es un restaurante muy malo. Toda la comida _____

3. Camarero, quisiera un bistec bien cocido. Este bistec _____

4. En este restaurante, los camarones _____

5. A mí me gusta la sopa caliente. Esta sopa _____

6-6 Cuestionario. Your mother (as always) is curious about your eating habits. Answer her questions with complete sentences in Spanish.

1. ¿A qué hora almuerzas?

_____

2. ¿Qué comes en el almuerzo normalmente?

_____

3. ¿Dónde cenas?

_____

4. ¿Desayunas? ¿Qué te gusta desayunar?

_____

5. ¿Te gusta probar platos nuevos? ¿Qué no pruebas?

_____

STRUCTURAS

Stem-changing verbs *e* → *i*

6-7 Un pícnic. You and your friends will spend the day at the beach. Complete each statement with the correct form of the stem-changing verbs in parentheses to describe the day.

Margarita, Lupe, Ernesto y Felipe van de pícnic a la playa. Felipe (1) _____

(conseguir) el hielo, pero Ernesto (2) _____ (reñir) con sus amigos porque

no sabe dónde está la heladera. Margarita (3) _____ (decir) que está en

el auto. Los chicos la (4) _____ (seguir). Cuando llegan a la playa

Margarita y Lupe (5) _____ (servir) los sándwiches. Ernesto y yo

(6)_____(servir) los refrescos. Lupe (7) _____ (pedir) la sombrilla y

Ernesto la (8) _____ (conseguir). Mientras tanto, Margarita y Felipe

(9) _____ (seguir) nadando. Al final del día ellos (10) _____

(decir) "¡qué bien lo pasamos!"

6-8 Un día en la vida de Tomás. What does Tomás do on a typical day? To find out, fill in the blanks with the correct form of the stem-changing verbs in parentheses.

Todos los días, Tomás (1) _____ (tener) que asistir a tres clases. La primera clase

(2) _____ (empezar) a las ocho de la mañana y, a esa hora, Tomás está cansado.

Cuando (3) _____ (poder), (4) _____ (preferir) dormir y (5)

_____ (dormir) hasta muy tarde. A las once y media, (6) _____

(almorzar). Casi siempre (7) _____ (pedir) una hamburguesa y papas fritas en el

centro estudiantil. Según Tomás, el centro (8) _____ (servir) las mejores

hamburguesas del mundo. A las dos, (9) _____ (volver) a su residencia y (10)

_____ (comenzar) a estudiar. (11) _____ (Querer) salir, pero sabe que

los estudios son importantes. A las cuatro (12) _____ (jugar) al fútbol con unos

amigos. (13) _____ (Decir) que es su deporte favorito. Después, cena en la cafetería

porque (14) _____ (pensar) que la comida es bastante buena ahí. Finalmente, a las

ocho termina su día.

Demonstrative adjectives and pronouns

6-9 De compras. You are shopping in an open market. Indicate your preferences by completing each statement below with the correct demonstrative adjective.

1. Quiero _____ naranjas. (*these*)

2. Prefiero _____ frijoles. (*those*)

3. No me gustan _____ tomates. (*those over there*)

4. Voy a comprar _____ pescado. (*that*)

5. Deseo probar _____ peras. (*these*)

6-10 ¿Qué sirve el camarero? Following the model, tell what the waiter is serving and what the customer prefers eating.

MODELO: (camarones/pescado)
        CAMARERO: ¿Desea probar estos camarones?
          CLIENTE: No gracias. Prefiero comer ese pescado.

1. (plato típico/chuletas de cerdo)

    CAMARERO: _____

       CLIENTE: _____

2. (tostadas/huevos revueltos)

    CAMARERO: _____

       CLIENTE: _____

3. (sándwich de queso/sopa de vegetales)

    CAMARERO: _____

       CLIENTE: _____

4. (legumbres/frutas)

    CAMARERO: _____

       CLIENTE: _____

5. (filete de res/langosta)

    CAMARERO: _____

       CLIENTE: _____

6. (chuleta de cerdo/filete de pescado)

    CAMARERO: _____

       CLIENTE: _____

6-11 ¿Qué prefieres? At the market, a vendor asks you which of the following foods you would like to buy. Reply, following the model and make changes when necessary.

MODELO: manzanas (este/ése)
► Prefiero estas manzanas, no ésas.

1. pan (este/ése)

   _____

2. legumbres (ese/aquél)

   _____

3. camarones (ese/aquél)

   _____

4. helado (este/ése)

   _____

5. torta (ese/aquél)

   _____

6. gaseosas (ese/aquél)

   _____

SEGUNDA PARTE
¡Así es la vida!

6-12 En la cocina. Reread the transcript of tía Julia's cooking show on page 200 of your textbook, and answer the questions with complete sentences in Spanish.

1. ¿Qué va a cocinar la tía Julia hoy?

   _____

2. ¿Dónde es popular este plato?

   _____

3. ¿Qué hay que cortar? ¿Dónde hay que ponerlo?

   _____

4. ¿Qué le añade al pollo?

_____

5. ¿Qué calienta? ¿En qué recipiente lo calienta?

_____

6. ¿Cómo cocina el pollo?

_____

7. ¿Qué le añade al pollo en la cazuela? ¿Por cuántos minutos lo cocina?

_____

_____

8. ¿Qué otros ingredientes añade? ¿Por cuántos minutos más lo deja cocinar?

_____

_____

_____

_____

9. ¿Cuál es el último ingrediente que añade? ¿Por cuántos minutos lo deja cocinar?

_____

_____

_____

10. ¿Cómo sirve el arroz con pollo?

_____

¡ASÍ LO DECIMOS!

6-13 ¡A completar! How well do you know your way around the kitchen? Complete each statement below with a word from **¡Así lo decimos!**

1. Si no tienes lavaplatos, hay que lavar los platos en el _____.

2. Hay que poner el helado en el _____.

3. Si tienes mucha prisa y no puedes usar el horno, puedes usar el _____.

Nombre: _____   Fecha: _____

4. Para hacer el café, necesitas usar la _____.

5. Cuando regreso del supermercado, pongo la leche inmediatamente en el _____.

6. Para calentar el agua, pongo la cazuela en la _____.

7. Para freír algo, lo pongo en la _____.

8. La lista de ingredientes y las instrucciones para preparar una comida se llama la

   _____.

9. Mezclo los ingredientes de una torta en el _____.

10. Siempre le añado una _____ de sal al arroz.

11. Para preparar tostadas, hay que poner el pan en la _____.

12. Hay que _____ una banana antes de comerla.

6-14 Muchos cocineros. The Spanish Club is having a party and everyone is helping. Complete the sentence describing what each one is doing.

MODELO: La señora González _____ un sándwich. (hacer)
► Ella está haciendo un sándwich.

1. Carmen _____ las zanahorias. (picar)

2. Ramón y Francisco _____ las papas. (pelar)

3. La profesora _____ la mezcla. (batir)

4. Carlos _____ una pizca de limón. (añadir)

5. Julio y Teresa _____ los sándwiches. (preparar)

6-15 Actividad en la cocina. Write complete sentences about what is going on in the kitchen using the words provided. Change the forms of the words given and add other words such as articles and prepositions as needed.

1. Hay que/añadir/pizca/sal/sopa

   _____

2. Es necesario/freír/cebolla/picado/a fuego mediano

   _____

3. Primero/(yo)/ir/calentar/taza/aceite de oliva/cazuela

   _____

4. (Nosotros)/estar/batir/huevos/con/ají verde/recipiente

_____

5. Ellos/ir/echar/cucharadita/azafrán/cazuela

_____

 **STRUCTURAS**

Informal commands (regular and irregular)

6-16 Mandatos en la cocina. Your are giving your younger brother some tips on how to prepare a good meal. Complete each statement with the **tú** command.

1. _____ las instrucciones en la receta. (leer)

2. _____ todos los ingredientes. (comprar)

3. _____ todas las legumbres. (lavar)

4. _____ la estufa. (atender)

5. _____ la carne en el horno. (poner)

6. _____ el flan. (hacer)

7. No _____ más sal. (añadir)

8. _____ las papas. (hervir)

6-17 Ud. es el (la) profesor(a) de cocina. You are giving a hands-on cooking demonstration. Tell each student what to do by changing each infinitive to the **tú** command.

1. Pedro, _____ los ingredientes. (conseguir)

2. Lolita, _____ las cebollas en el sartén. (freír)

3. Julio, _____ el pollo por 4 horas. (honear)

4. Teresa, _____ las papas. (pelar)

5. José, _____ a buscar los pimientos. (ir)

6. Elena, _____ la ensalada. (hacer)

7. Enrique, no le _____ tanta pimienta a la carne. (poner)

8. Josefina, no _____ el agua todavía. (hervir)

9. María, _____ la mesa. (poner)

10. Charo, _____ la sopa. (probar)

Informal commands with one object pronoun

6-18 En el Restaurante Rivera. La señora Rivera tells her employees what to do to get ready before the customers arrive. Rewrite each command replacing the direct object noun with a direct object pronoun. Follow the model.

MODELO: Margarita busca las servilletas.
> ► Búscalas.

1. Pepe, trae los refrescos. _____.

2. Juan, compra hielo. _____.

3. Pablo, haz el pan. _____.

4. Lupe, calienta la estufa. _____.

5. Toño, atiende a los clientes. _____.

6. Felipe, lava los platos y los utensilios. _____.

7. Alicia, pon los platos en las mesas. _____.

8. Gabriel, sirve el pan y la mantequilla. _____.

9. Mario, muestra el menú. _____.

10. Enriqueta, hornea el flan. _____.

6-19 Preguntas, preguntas. The students in your cooking class have questions for you. Answer them using the **tú** command and replacing the object noun with the direct object pronoun. Follow the model.

MODELO: ¿Debo añadir la sal?
> ► Sí, añádela.

1. ¿Tengo que leer la receta?

   Sí, _____

2. ¿Debo comprar los ingredientes?

   Sí, _____

3. ¿Debo pelar las papas?

   Sí, _____

4. ¿Tengo que picar la carne?

   No, _____

5. ¿Debo poner el pastel en el horno?

   Sí, _____

6. ¿Tengo que probar la sopa?

   Sí, _____

7. ¿Tengo que calentar el aceite de oliva antes de freír el pollo?

   Sí, _____

8. ¿Debo mezclar las frutas en el recipiente?

   No, _____

9. ¿Debo lavar los platos?

   Sí, _____

10. ¿Tengo que servir la comida?

   Sí, _____

6-20 Actividades en el restaurante. Follow the model. Describe what's going on in the restaurant by replacing italicized nouns in the sentences below with direct object pronouns.

MODELO: La camarera está poniendo *la mesa*.
   ► La camarera está poniéndola.

1. La camarera está buscando *los platos*.

   _____

2. Los clientes están pidiendo *el desayuno*.

   _____

3. El cocinero está preparando *las ensaladas*.

   _____

4. El camarero está sirviendo *los huevos fritos*.

   _____

5. El camarero está trayendo *el vino*.

   _____

Indefinite and negative expressions

6-21 Conversaciones. Complete each conversation with appropiate affirmative and negative expressions.

MODELO: ¿Le doy algo de comer a Marcos?
▶ No, no le dé nada de comer.

1. ¿Le sirvo té o café a tu mamá?

   No, _____ le sirvas_____ . No los puede tomar.

2. ¿Deseas tú _____ ?

   No gracias, no deseo _____ .

3. ¿Tienes _____ foto de tu novia?

   No, no tengo _____ .

4. ¿Te preparo _____ de postre?

   No, mujer. ¿Por qué no compras _____ pastel?

5. ¿Qué es ese ruido? ¿Hay _____ en la cocina?

   ¿Qué ruido? En la cocina no hay _____ .

6. ¿Vamos al cine esta noche?

   Hombre, ¿por qué no hacemos _____ diferente? _____

   vamos al cine.

7. Bueno, ¿qué quieres hacer?

   No sé, ¿Vamos a un concierto? _____ vamos a los conciertos del centro

   estudiantil.

6-22 Ana y Paco riñen un poco. Ana has everything all wrong today according to her husband, Paco, who corrects her. Play the role of Paco and change Ana's statements from affirmative to negative or vice versa.

1. Alguien está en la cocina.

   _____

2. Alguien prepara o huevos fritos o huevos revueltos.

   _____

3. Hace tostadas también.

   _____

4. Tú no me preparas el desayuno nunca.

   _____

5. Yo siempre te preparo el almuerzo y la cena.

   _____

6. También te pago la cuenta siempre cuando comemos en un restaurante.

   _____

7. Tú nunca preparas ninguna receta interesante.

   _____

8. Yo siempre te sirvo el desayuno.

   _____

SÍNTESIS
Al fin y al cabo

6-23 ¡Qué desastre! You are having dinner in an expensive restaurant with friends who don't speak Spanish, so you must act as an interpreter. The meal is a disaster from start to finish! How would you explain the following problems to the Spanish-speaking waiter?

1. Your female companion's soup is cold, and your male friend's beer is warm.

   _____

   _____

2. There is neither salt nor pepper on the table.

_____

_____

3. Your friend's steak is rare and he likes it well-done.

_____

_____

4. Another friend wants asparagus, not carrots.

_____

_____

5. The waiter brings the coffee with the entrée; you don't want it now.

_____

_____

6. You want two cups of tea.

_____

_____

7. For dessert you want two orders of chocolate cake, an apple, and strawberry ice cream.

_____

_____

8. You try to explain to the flustered waiter that he is wrong. The bill is not $159.92; it is $148.87.

_____

_____

6-24 Tu rutina. Write a composition in which you describe your daily eating habits. In the first paragraph describe breakfast: when you eat, with whom you eat, what you like to eat and how you prepare it. In the second paragraph, describe lunch in the same way. In the third paragraph, describe dinner.

_____

_____

_____

_____

_____

_____

_____

_____

_____

_____

_____

_____

_____

_____

_____

_____

_____

_____

_____

Nombre: _____ Fecha: _____

6-25 El crítico. Read the menu and pretend that you are a food critic for your local newspaper. Write a paragraph informing your reader how you find several items on the menu.

SANDWICHES	P	G
1. Queso	330	460 pts.
2. Bologna	330	460 pts.
3. Jamón York	330	460 pts.
4. Lacón	330	460 pts.
5. Salami	410	570 pts.
6. Atún	410	570 pts.
7. Pollo	410	570 pts.
8. Pechuga de pavo	570	790 pts.
9. Roast beef	570	790 pts.
10. Ternera	570	790 pts.
11. Corned Beef	570	790 pts.
12. Salmón	590	820 pts.

Nuestros sandwiches se pueden tomar calientes o fríos y en pan normal, integral o negro.

PARA AÑADIR
21. Tomate	50 pts.
22. Cebolla	50 pts.
23. Lechuga	50 pts.
24. Queso	70 pts.
25. Pasta Aguacate	70 pts.
26. Ensalada de huevo	70 pts.
27. Ensalada de col	70 pts.
28. Chocrout	70 pts.
29. Salsa de rábanos	70 pts.

LOS SANDWICHES ESPECIALES DELI
	P	G
31. BOLOGNA con queso	370	510 pts.
32. JAMON YORK con ensalada de huevo y pan negro	370	510 pts.
33. ENSALADA DE ATUN con queso (caliente)	450	630 pts.
34. LACON con brie (caliente)	470	630 pts.
35. SALAMI, queso y ensalada de huevo (caliente)	490	680 pts.
36. PECHUGA DE PAVO con pasta de aguacate	530	730 pts.
37. TERNERA con mostaza y pepinillos	590	830 pts.
38. ROAST BEEF con tomate y queso	620	890 pts.
39. CORNED BEEF con queso y chocrout	620	890 pts.
40. SALMON con nuestra crema de queso y pan negro	620	890 pts.

ENSALADAS	P	G
41. MOZZARELLA con tomate	300	460 pts.
42. MAIZ con tomate, aguacate y atún	300	460 pts.
43. ARROZ con aceitunas, tomate, atún y pepinillo	300	460 pts.
44. COL	300	460 pts.
45. MIXTA con atún, lechuga, tomate y patata	300	460 pts.
46. PATATA con bacon y crema	350	560 pts.
47. CESAR	350	560 pts.
48. POLLO con lechuga, huevo y salsa rosa	350	560 pts.
49. PASTA con atún, jamón, queso y alcaparras	350	560 pts.
50. ESPINACAS, con bacon y queso de cabra	350	560 pts.
51. CANGREJO con gambas y salsa rosa	480	690 pts.
52. ENSALADAS de temporada	300	460 pts.
53. COMBINADO de ensaladas		720 pts.

ALGO DIFERENTE
71. Crema del día	460 pts.
72. Pasta del día	550 pts.
73. Espárragos con mayonesa	720 pts.
74. Pimientos del piquillo de carne o pescado	820 pts.
75. Quiche Lorraine o de cebolla	590 pts.
76. Perrito caliente	420 pts.
77. Pan tomate y jamón	590 pts.
78. Pan tomate y atún	490 pts.
79. Pan tomate y anchoa	490 pts.

POSTRES DELI
81. Tarta de Manzana con almendra	450 pts.
82. Tarta de Manzana con almendra y helado	550 pts.
83. Tarta de Chocolate	450 pts.
84. Tarta de Limón	450 pts.
85. Tarta de Queso con frambuesas	450 pts.
86. Brownies	370 pts.
87. Brownies con helado	470 pts.
88. Ensalada de frutas	340 pts.
89. Yogurt helado	170	240 pts.

BEBIDAS
91. Agua mineral	160 pts.
92. Refrescos (vaso)	150 pts.
93. Refrscas (lata)	200 pts.
94. Cerveza (caña Aguila)	150 pts.
95. Cerveza (lata Aguila)	200 pts.
96. Cerveza de importación	250 pts.
97. Vino	copa 140 botella 990 pts.
98. Pacharán, licor de manzana	280 pts.
99. Whisky, Ginebra	590 pts.
100. Café o infusiones	140 pts.

TE LLLEVAMOS LA COMIDA Y LAS CENA A CASA Y A LA OFICINA
en nuestra zona de reparto y dentro de nuestro horario: de lunes a domingo de 13:00 a 16:00 y de 21:00 a 23:00
SIN RECARGO
DELI BALBOA Nuñez de Balboa 60, 28006 MADRID- Teléfonos 431 42 88 - 431 20 67
ABIERTO TODOS LOS DÍAS DE LA SEMANA

Lección 6 ¡Buen provecho! WB 107

¿En qué puedo servirle?

PRIMERA PARTE

¡Así es la vida!

7-1 De compras. Reread the texts on pages 217 and 218 of your textbook and answer the questions with complete sentences in Spanish.

1. ¿Qué piensan hacer Victoria y Manuel?

_____

2. ¿Qué hacen antes de salir? ¿Por qué?

_____

_____

3. ¿Qué ofrece el Almacén Vigo hoy?

_____

4. ¿Cuál es el descuento que ofrece?

_____

5. ¿Qué hay en el centro comercial La Gran Vía hoy?

_____

6. ¿Cuántas tiendas hay?

_____

7. ¿Qué cosas se pueden comprar en el centro comercial?

_____

_____

8. ¿Qué quiere ver Manuel en el Almacén Vigo?

_____

9. ¿Dónde están las chaquetas? ¿Y las camisas?

_____

_____

10. ¿Cuál es la talla de Manuel?

_____

11. ¿Dónde se prueba la camisa? ¿Cómo le queda?

_____

_____

12. ¿Qué problema tiene Manuel?

_____

13. ¿Qué va a hacer el dependiente para ayudar a Manuel?

_____

¡ASÍ LO DECIMOS!

7-2 En La Gran Vía. Read the paragraph about a shoppping excusion and complete each statement with the appropriate word or phrase from the list.

centro comercial	ir de compras	tarjeta de crédito	un suéter
una falda	de manga corta	probador	pantalones
aprovechar	una corbata	un par	bolsa
una venta-liquidación	una sección de ropa para hombres		

Este fin de semana voy al (1) _____ para (2) _____ Voy a

comprar (3) _____ azul y (4) _____ blanco. Voy a

(5) _____ del descuento que ofrece La Gran Vía. Allí, voy a ir al

(6) _____ para ver si me queda bien o mal la falda. También necesito comprar

(7) _____ para mi padre. Tiene una camisa nueva (8) _____

y (9) _____ nuevos. También tiene (10) _____ de zapatos

nuevos. Ahora solamente necesita una corbata. La Gran Vía tiene

(11) _____ maravillosa y hoy hay (12) _____ . Tengo mi

(13) _____ preparada en mi (14) _____ . ¡ Adiós!

7-3 ¿Qué ropa llevas? What do you wear in the following situations? Begin each statement with **llevo** and use colors or other adjectives that describe your clothing.

MODELO: ► A clase, ____llevo jeans y un suéter grande. También llevo sandalias marrones.____

1. A una celebración familiar, _____

_____

2. Al centro estudiantil, _____

_____

3. A un partido de básquetbol, _____

_____

4. Cuando hace mucho frío, _____

_____

5. Cuando hace mucho calor, _____

_____

7-4 En la tienda. A salesperson in a department store asks you the following questions. How do you respond? Write your answers with complete sentences in Spanish.

DEPENDIENTE: Buenas tardes. ¿En qué puedo servirle?

TÚ: _____ (1)

DEPENDIENTE: ¿Cuál es su talla?

TÚ: _____ (2)

DEPENDIENTE: ¿Quiere probárselo en el probador?

TÚ: _____ (3)

DEPENDIENTE: ¿Qué más necesita?

TÚ: _____ (4)

DEPENDIENTE: ¿Cómo desea pagar?

TÚ: _____ (5)

7-5 En la tienda. Now the salesperson answers you. What did you ask? Write the questions.

TÚ: ¿ _____?(1)

DEPENDIENTE: La sección de mujeres está a la derecha.

TÚ: ¿ _____?(2)

DEPENDIENTE: Las blusas en rebajas están aquí.

TÚ: ¿ _____?(3)

DEPENDIENTE: Sí, claro. El probador está aquí.

TÚ: ¿ _____?(4)

DEPENDIENTE: Le queda muy bien.

TÚ: ¿ _____?(5)

DEPENDIENTE: No, no le queda grande. Está perfecta.

7-6 Escenas en el almacén. Complete each statement with a logical word from **¡Así lo decimos!**

1. Cuando hace mucho frío, necesito un _____ .

2. La _____ en la entrada de la tienda muestra los artículos en rebaja.

3. Yo voy a la _____ para pagar por el artículo.

4. Una mujer pone el dinero en la _____ .

5. Si los pantalones le quedan muy grandes a alguien, necesita una _____ más

   pequeña.

6. Cuando llueve mucho, necesito un _____ .

7. Cuando hace mucho frío y nieva, no llevas sandalias. Llevas un par de

   _____ .

8. Cuando hace mucho calor, no llevas una camisa de manga larga. Llevas una camisa de

   _____ .

9. La _____ indica el precio del artículo.

10. Cuando da un descuento, la tienda _____ los precios.

 **STRUCTURAS**

Ordinal numbers

7-7 Números, números. Complete each statement with the ordinal number corresponding to the number in parentheses. Remember to use agreement.

1. Ana prefiere la (5) _____ chaqueta, la verde.

2. El perfume está en el (4) _____ mostrador.

3. La sección de ropa para hombres está en el (8) _____ piso.

4. ¡Ésta es la (9) _____ tienda en la que entramos hoy!

5. El (2) _____ dependiente es el que necesitamos buscar.

6. El (7) _____ probador no está ocupado.

7. Éste es el (6) _____ par de zapatos que compro hoy.

8. Ésta es la (3) _____ rebaja del año.

9. Los abrigos están en el (10) _____ piso de la tienda.

10. Hoy es el (1) _____ día de rebaja.

7-8 ¿Dónde está? On which floor of the department store will you find the following items? Complete each statement with the correct information.

MODELO: Busco una blusa para mi hermano. Voy al ____cuarto piso____.

P-3·2
Servicios:
Aparcamiento.

P-1
Servicios:
Aparcamiento. Carta de compra. Taller de Montaje de accesorios de automóvil. Oficina postal.

SÓTANO
Departamentos:
Librería. Papelería. Juegos. Fumador. Mercería. Supermercado de Alimentación. Limpieza.
Servicios:
Estanco. Patrones de moda.

PLANTA BAJA
Departamentos:
Complementos de Moda. Bolsos. Marroquinería. Medias. Pañuelos. Sombreros. Bisutería. Relojería. Joyería. Perfumería y Cosmética. Turismo.
Servicios:
Reparación de relojes y joyas. Quiosco de prensa. Óptica 2.000. Información. Servicio de intérpretes. Objetos perdidos. Empaquetado de regalos.

1ª PLANTA
Departamentos:
Hogar Menaje. Artesanía. Cerámica. Cristalería. Cubertería. Accesorios automóvil. Bricolaje. Loza. Orfebrería. Porcelanas. (Lladró, Capodimonte). Platería. Regalos. Vajillas. Saneamiento. Electrodomésticos.
Servicios:
Listas de boda. Reparación de calzado. Plastificación de carnés. Duplicado de llaves. Grabación de objetos.

2ª PLANTA
Departamentos:
Niños/as. (4 a 10 años). Confección. Boutiques. Complementos. Juguetería. **Chicos/as.** (11 a 14 años) Confección. Boutiques. **Bebés.** Confección. Carrocería. Canastillas. Regalos bebé. Zapatería de bebé. **Zapatería.** Señoras, caballeros y niños. **Futura Mamá.**
Servicios:
Estudio fotográfico y realización de retratos.

3ª PLANTA
Departamentos:
Confección de Caballeros. Confección ante y piel. Boutiques. Ropa interior. Sastrería a medida. Artículos de viajes. Complementos de Moda. Zapatería. Tallas especiales.
Servicios:
Servicio al Cliente. Venta a plazos. Solicitudes de tarjetas. Devolución de I.V.A. Peluquería de caballeros. Agencia de viajes y Centro de Seguros.

4ª PLANTA
Departamentos:
Señoras. Confección. Punto. Peletería. Boutiques Internacionales. Lencería y Corsetería. Tallas Especiales. Complementos de Moda. Zapatería. Pronovias.
Servicios:
Peluquería de señoras. Conservación de pieles. Cambio de moneda extranjera.

5ª PLANTA
Departamentos:
Juventud. Confección. Territorio Vaquero. Punto. Boutiques. Complementos de moda. Marcas Internacionales. **Deportes.** Prendas deportivas. Zapatería deportiva. Armería. Complementos.

6ª PLANTA
Departamentos:
Muebles y Decoración. Dormitorios. Salones. Lámparas. Cuadros. **Hogar textil.** Mantelerías. Toallas. Visillos. Tejidos. Muebles de cocina.
Servicios:
Creamos Hogar. Post-Venta. Enmarque de cuadros. Realización de retratos.

7ª PLANTA
Departamentos:
Oportunidades y Promociones.
Servicios:
Cafetería. Autoservicio "La Rotonda". **Restaurante** "Las Trébedes".

ANEXOS

Preciados, 1. Tienda de la Electrónica: Imagen y Sonido. Hi-Fi. Radio. Televisión. Ordenadores. Fotografía.   **Servicios:** Revelado rápido.

Preciados, 2 y 4. Discotienda: Compact Disc. Casetes. Discos. Películas de vídeo.   **Servicios:** Venta de localidades.

1. Necesito comprar un regalo para el bebé de mi hermana. Voy a la _____ .

2. Quiero comprar una lámpara, voy a la _____ .

3. Mi reloj no funciona, lo llevo a la _____ .

4. Deseo una corbata para mi papá, voy a la _____ .

5. Necesito unos zapatos tenis nuevos. Voy a la _____ .

6. Me gusta leer y quiero comprar un libro nuevo. Voy a la _____ .

7. Mi madre quiere toallas nuevas. Ella va a la _____ .

8. Tengo hambre, voy a la cafetería en la _____ .

9. Necesito unas faldas, voy a la _____ .

10. Tengo que pagar, voy a la _____ .

The preterite of regular verbs

7-9 ¿Qué hicieron el sábado? Find out what everyone did on a recent shoppping excursion. Complete each sentence with the correct preterite form of the verbs in parentheses.

1. Alfredo _____ $50.00 por una corbata. (pagar)

2. Ana y Silvia _____ en la cafetería del centro comercial. (comer)

3. El dependiente le _____ a Carlos su talla. (preguntar)

4. Yo _____ al quinto piso para buscar las rebajas. (subir)

5. José _____ de una tienda para otra y otra. (salir)

6. Mi madre le _____ mucho dinero a mi papá. (ahorrar)

7. Carlos y yo _____ unas rebajas en el departamento de caballeros.

   (aprovechar)

8. Pepito _____ su billetera. (perder)

9. Isabel y Enrique _____ el reloj en la joyería. (devolver)

10. Mi abuelo _____ con la dependienta. (regatear)

7-10 ¿Qué pasó ayer? What happened when Ana and Silvia went shopping yersterday? Complete the paragraph with the correct preterite form of the verbs in parentheses.

Ayer, Ana (1) _____ (decidir) ir de compras. (2) _____

(Llamar) a su amiga Silvia y a mí. Yo no las (3) _____ (acompañar). Silvia y

Ana (4) _____ (llegar) al centro a las diez. Ana (5) _____

(entrar) en la joyería y Silvia (6) _____ (entrar) en la droguería a comprarle el

talco a su mamá. Ella le (7) _____ (preguntar) al dependiente por el talco. Ella

(8) _____ (comprar) el talco y (9) _____ (volver) a la joyería,

pero no (10) _____ (ver) a Ana. Silvia (11) _____ (salir) de

la joyería y (12) _____ (empezar) a buscarla. Por una hora Silvia la

(13) _____ (buscar) y por fin la (14) _____ (encontrar)

saliendo de la droguería donde (15) _____ (comprar) el talco. Las dos

(16) _____ (decidir) almorzar inmediatamente.

7-11 Algunas compras. Complete each paragraph with the correct preterite form of the verbs in parentheses.

1. Carlos y Esteban (1) _____ (buscar) camisa tras camisa. Por fin,

   (2) _____ (salir) del almacén sin comprar ninguna.

   (3) _____ (Comer) un almuerzo ligero y luego (4) _____

   (volver) a las tiendas. Finalmente, ellos (5) _____ (encontrar) la camisa

   perfecta.

2. Mi hermana y yo (6) _____ (pasar) el día comprando regalos para el

   cumpleaños de nuestro papá. Le (7) _____ (pedir) al dependiente el número

   del piso de la sección de ropa para hombres, (8) _____ (subir) al cuarto piso

   y le (9) _____ (comprar) un suéter y unos pantalones. (10)

   _____ (Ir) a la caja para pagar las compras.

3. ¡Hola, Pepe! ¿Qué (11) _____ (encontrar) en la tienda? ¿Me

   (12) _____ (comprar) algo especial…? ¿Cómo?

   ¿ (13) _____ (Salir) sin comprar nada…? ¿ (14) _____

   (Devolver) la chaqueta amarilla…? ¿ No (15) _____ (gastar) nada…?

4. Yo (16) _____ (leer) los anuncios y (17) _____ (decidir)

   comprar un reloj pulsera. Lo (18) _____ (pagar) a plazos. Se lo

   (19) _____ (mostrar) a mis amigos y lo (20) _____ (llevar)

   a la fiesta el sábado.

Segunda Parte

Nombre: _____   Fecha: _____

SEGUNDA PARTE

¡Así es la vida!

7-12 ¿Qué compraste? Reread the conversation on page 228 of your textbook and answer the questions below with complete sentences in Spanish.

1. ¿De qué hablan Manuel y Victoria?

   _____

2. ¿Quién llama por teléfono a Victoria?

   _____

3. ¿Cuántas veces llamó Lucía a Victoria?

   _____

4. ¿Adónde fue Victoria?

   _____

5. ¿Qué compró Victoria primero?

   _____

6. ¿Qué compró en la joyería?

   _____

7. ¿Por qué fue a la perfumería?

   _____

8. ¿Gastó mucho dinero Victoria?

   _____

9. ¿Qué usó para pagar?

   _____

10. ¿Cuándo va a pagar la cuenta?

    _____

11. ¿Por qué dice Manuel "Siempre es la misma historia"?

    _____

¡ASÍ LO DECIMOS!

7-13 ¿Qué compras en estas tiendas? What can you buy in these stores? List as many possibilities as you can.

1. En la droguería compro _____

_____

_____

2. En la joyería compro _____

_____

_____

3. En la papelería compro _____

_____

_____

4. En la zapatería compro _____

_____

_____

7-14 Unos regalos. Everyone has a birthday this month. Use words or expressions from **¡Así lo decimos!** to write what you will buy for each person. Follow the model.

MODELO: A mi mamá ___ le compro un frasco de perfume. ___

1. A mis hermanas _____

2. A mi novio _____

3. A mi papá _____

4. A mi mejor amigo(a) _____

5. A mi profesor(a) de español _____

6. A mi hermano menor _____

7-15 ¡ A completar! Fill in the blanks with a word or expression from **¡Así lo decimos!**

1. Esta camisa es de rayas y los pantalones son de cuadros. No _____

   _____ .

2. No aceptamos _____ . Tiene Ud. que pagar _____ .

3. Estos jeans son fantásticos. Yo me los quiero llevar porque _____

   _____ .

4. Quiero pagar un poco cada mes. ¿Puedo pagar _____ ?

5. Esta chaqueta no me queda bien. Necesito _____ a la tienda.

6. No tengo mucho dinero hoy. No puedo _____ mucho.

7. ¿_____ Uds. cheques?

8. No tengo ni tarjeta de crédito ni dinero en efectivo. ¿Puedo pagar _____

   _____ ?

9. ¿Es la cadena _____ o _____ ?

10. Estos pantalones no me quedan bien. ¿El sastre puede _____ ?

ESTRUCTURAS

Verbs with irregular preterite forms

7-16 ¿Qué compraste ayer? First complete the questions with the appropriate preterite form of the verbs in parentheses. Then answer the questions with complete sentences in Spanish.

1. ¿Qué _____ tú ayer? (hacer)

   _____

2. ¿ _____ de compras? ¿ Adónde? (Ir)

   _____

3. ¿ _____ que comprar algo especial? (tener)

   _____

4. ¿ _____ en el almacén? (estar)

   _____

5. ¿Le _____ un regalo a alguien? ¿A quién? (dar)

   _____

7-17 ¿Qué pasó? To find out what happened on Mother's birthday, complete each paragraph with the preterite form of the indicated verb.

1. **ir**

   La semana pasada yo _____ de compras. Mi papá no

   _____ pero mis hermanas _____ conmigo. Nosotros

   _____ al Corte Inglés.

2. **tener**

   Ayer fue el cumpleaños de mamá y nos pidió artículos de joyería. Yo _____

   que comprar una cadena de oro y mis hermanas _____ que comprar

   pendientes. Nosotros _____ que comprar estas joyas para mamá. Papá

   también _____ que comprarle un regalo.

3. **dar**

   Yo le _____ la cadena a mamá y mis hermanas le _____

   los pendientes. Mi papá le _____ un anillo que compró anoche. Todos

   nosotros le _____ los regalos después de cenar.

4. **hacer**

   ¿Qué _____ mamá al recibir los regalos? Pues nosotros

   _____ más que ella. Gritamos y sonreímos mucho. Mis hermanas

   _____ mucho ruido cuando mamá abrió los regalos. Naturalmente, yo no

   _____ las mismas cosas estúpidas que ellas.

5. **estar**

   Mamá _____ muy sorprendida. Le gustaron mucho los regalos. Yo

   _____ en tres joyerías diferentes para encontrar la cadena apropiada y mis

   hermanas _____ en otras dos tiendas. Nosotros _____ en

   el centro comercial por tres horas.

7-18 Un día especial. To find out what made yesterday so special, complete the paragraph with the correct preterite form of the verbs in parentheses.

Ayer yo (1) _____ (jugar) al tenis durante una hora. Cuando

(2) _____ (llegar) al apartamento después, (3) _____

(empezar) a sospechar (*to suspect*) algo. (4) _____ (Tocar) a la puerta de mi

apartamento. Cuando nadie contestó, (5) _____ (buscar) la llave (*key*).

(6) _____ (Entrar) en el apartamento y (7) _____ (ver) a mi

novia. La (8) _____ (abrazar) y le (9) _____ (explicar) mis

sospechas. (10) _____ (Ir) a la cocina de mi apartamento y de repente

(*suddenly*), todos mis amigos (11) _____ (entrar) en el apartamento para celebrar

mi cumpleaños. ¡Qué día!

Other irregular verbs in the preterite

7-19 El gerente. The general manager is giving the store owner last week's sales report. Complete each statement with the correct preterite form of the verb in parentheses.

1. Muchos clientes _____ de la venta-liquidación y _____ .

   (saber/venir)

2. Margarita y Ana _____ nuevos artículos en la vitrina. (poner)

3. Paco _____ trabajando hasta muy tarde. (estar)

4. La señora González _____ que atender a unos clientes extranjeros. (tener)

5. Jorge _____ vender mucho más, pero no _____

   (querer/poder)

6. Su hija Marta _____ a ayudarnos y nosotros _____ a su

   nieta Martita. (venir/conocer)

7. Carlos _____ más vestidos, zapatos y blusas. (traer)

8. Los clientes _____ que las rebajas _____ muy buenas.

   (decir/ser)

7-20 Una carta. Complete Sonia's letter to a friend with the correct preterite form of the verbs in parentheses.

Querida Zaida,

El mes pasado yo (1) _____ (ir) de vacaciones a casa de Teresa en Puerto

Rico. (2) _____ (Tener) la oportunidad de visitar muchos lugares de interés.

Nosotras (3) _____ (andar) por El Viejo San Juan, donde yo

(4) _____ (poder) comprar muchos regalos para mi familia. También

(5) _____ _____ (estar) en la playa de Luquillo y en la

Universidad de Puerto Rico. Allí (6) _____ (conocer) a varios amigos de

Teresa. Por la noche, ellos (7) _____ (venir) a buscarnos y todos

(8) _____ (ir) a una discoteca a bailar. Al final de mis vacaciones le

(9) _____ (decir) a Teresa que ella tiene que visitarme y también le

(10) _____ (dar) un precioso regalo.

Un abrazo,
Sonia

Preterite of stem-changing verbs $e \rightarrow i$, $o \rightarrow u$

7-21 ¿Qué pasó en el centro comercial? To find out what happened when everyone went shopping yesterday, complete each statement with the correct preterite form of the verbs in parentheses.

1. Al llegar al centro comercial yo _____ para la zapatería, los chicos

   _____ para la tienda de deportes. (seguir)

2. Emilio _____ comprar unas botas, mientras que José y yo

   _____ los tenis. (preferir)

3. Tú no me _____ el precio, me lo _____ la dependienta.

   (repetir)

4. En la cafetería, el camarero no _____ la comida, la _____

   yo. (servir)

5. En la tienda de música yo _____ música salsa, Anita

   _____ música rock. (pedir)

7-22 ¿Qué pasó en la fiesta? What did everyone do at the party yersterday? Complete each statement with the correct preterite form of the verbs in parentheses to find out.

1. Manuel _____ toda la noche. (servir)

2. Roberto y yo _____ bailar. (preferir)

3. Alejandro le _____ a Sandra. (sonreír)

4. Milagros _____ más ensalada. (pedir)

5. Todos _____ que Josefina no pudo venir. (sentir)

6. Tomás le _____ a Paquita. (mentir)

7. Fernando y Lolita _____ la comida tres veces. (repetir)

8. Después de la fiesta todos _____ mucho. (dormir)

SÍNTESIS
Al fin y al cabo

7-23 ¿Qué pasó el sábado pasado? Describe an authentic or fictitious party you gave last Saturday night. In the first paragraph, tell how you prepared for the party: where you went to shop, what you looked for, and what you bought. In the second paragraph, tell what you did after you finished shopping, and in the last paragraph, tell what happened at the party.

_____

_____

_____

_____

_____

_____

_____

_____

_____

7-24 El problema de Raúl. Using the pictures as a guide, invent a story about what happened to Raúl. Write your story in the preterite.

  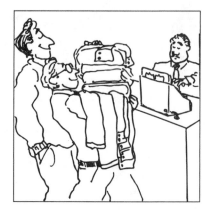

_____

_____

_____

_____

_____

_____

_____

_____

_____

_____

_____

¿Vamos de viaje?

PRIMERA PARTE
¡Así es la vida!

8-1 Un viaje. Reread the conversation on page 251 of your textbook and complete the statements below with complete sentences in Spanish.

1. La nacionalidad de Jorge y Susana es _____

2. Ellos van a _____

3. Rosario Díaz es _____

4. Susana dice que ellos están _____

5. De luna de miel, Jorge quiere _____, porque

   _____

6. A Susana no le gusta la idea porque _____

7. Rosario les muestra _____ que ofrece

   _____

8. El viaje incluye _____

   y cuesta _____

9. Después de la boda _____

10. Están en Miami, _____

11. Antes de salir para Costa Rica, oyen _____

12. El destino del vuelo 621 es _____

13. Jorge y Susana están _____

    donde escuchan _____

¡ASÍ LO DECIMOS!

8-2 Asociaciones. Match each word or expression from column A with one from column B. Then write an original sentence using both items.

A	B
1. _____ el aduanero	a. el mostrador de la aerolínea
2. _____ el boleto	b. el ala
3. _____ el guía	c. la sala de reclamación
4. _____ el equipaje	d. la tarjeta de embarque
5. _____ el piloto	e. el folleto
6. _____ la cola	f. la sala de espera
7. _____ la azafata	g. la aduana
8. _____ el asiento	h. la ventanilla
9. _____ el agente de viaje	i. la cabina
10. _____ estar demorado	j. la excursión

1. _____

2. _____

3. _____

4. _____

5. _____

6. _____

7. _____

8. _____

9. _____

10. _____

8-3 De viaje. Choose the word or expression that best completes each sentence.

1. El aduanero me pidió el

   _____ .

   a. alojamiento

   b. pasaporte

   c. rollo de película

2. Voy a estar de viaje por una semana. Me voy

   a quedar en el _____ .

   a. avión

   b. pasillo

   c. hotel

3. No hay asientos en el vuelo de las 3:00 p.m.

   Por favor póngame en la _____ .

   a. maleta

   b. cola

   c. lista de espera

4. Soy estudiante, no tengo mucho dinero,

   compro un boleto de _____ .

   a. clase turista

   b. la ventanilla

   c. primera clase

5. El vuelo a Bogotá está demorado, voy a

   sentarme en la _____ .

   a. aduana

   b. sala de espera

   c. cabina

6. Antes de comprar una excursión, es bueno

   leer el _____ .

   a. hotel

   b. folleto de información

   c. pasaje

7. Tengo que estar a las 6:00 p.m. en Los

   Ángeles, necesito un vuelo _____ .

   a. pasaje

   b. sin escalas

   c. de ida y vuelta

8. El avión tiene problemas. Tenemos que salir

   por la _____ .

   a. aduana

   b. puerta de salida

   c. salida de emergencia

8-4 Cuestionario. How do you like to do things when you travel? Answer with complete sentences in Spanish.

1. ¿Viajas en primera clase o en clase turista?

   _____

2. Tú no fumas. ¿En qué sección te sientas?

   _____

3. ¿Qué tipo de vuelo prefieres?

   _____

4. ¿Qué pones en tu maleta?

   _____

5. ¿Facturas el equipaje o llevas solamente equipaje de mano?

   _____

 **STRUCTURAS**

The imperfect of regular verbs

8-5 ¿Qué hacían cuando viajaban? Describe what the following people used to do whenever they traveled. Complete each sentence with the correct imperfect form of the verbs in parentheses.

1. Cuando Ana viajaba, _____ sus boletos en la agencia de viajes. (comprar)

2. Mis padres _____ asientos en la sección de no fumar. (pedir)

3. Juan nunca _____ el número de vuelo. (saber)

4. Antes de abordar al avión nosotros _____ el equipaje. (facturar)

5. Los niños _____ en sus asientos. (jugar)

6. El señor _____ el periódico. (leer)

7. Andrea les _____ unas postales a sus amigos. (escribir)

8. La azafata nos _____ los refrescos. (servir)

9. La pareja _____ durante el viaje. (dormir)

10. Las chicas _____ de alegría. (reír)

8-6 Los recuerdos de mi abuela. Describe how things used to be by changing each statement from the present indicative to the imperfect.

MODELO: Ahora, bailamos rock.
    ► Antes, bailábamos vals.

1. Ahora, trabajamos 50 horas a la semana.

    Antes, _____

2. Ahora, vemos mucha televisión.

    Antes, _____

3. Ahora, viajamos en avión a todas partes.

    Antes, _____

4. Ahora, estudias mucho.

    Antes, _____

5. Ahora, comemos en restaurantes.

    Antes, _____

8-7 Los recuerdos de mi abuelo. Complete grandfather's reminiscenses with the correct imperfect form of the verbs in parentheses.

Antes nosotros (1) _____ (hablar) después de comer, no

(2) _____ (mirar) televisión. Siempre (3) _____ (tener)

tiempo para leer y compartir con los demás. Yo siempre (4) _____ (jugar) al

béisbol con mis amigos y tu abuela (5) _____ (preparar) los refrescos y

sándwiches. Los sábados por la tarde nosotros (6) _____ (pasear) por el parque.

Los domingos por la tarde (7) _____ (nadar) en el lago cerca de nuestras casas.

A veces en los veranos yo (8) _____ (ayudar) a mis abuelos en la finca (farm) y

le (9) _____ (escribir) a tu abuela todos los días. Cuando yo

(10) _____ (regresar) de la casa de los abuelos, nosotros

(11) _____ (bailar) en el Café de Manolo. Realmente, los tiempos pasados

(12) _____ (ser) muy hermosos.

Irregular verbs in the imperfect

8-8 Recuerdos de la juventud. Complete the paragraphs with the correct forms of the indicated verbs in the imperfect.

1. **ser**

   Cuando yo _____ niño, _____ un chico bastante tímido.

   Mis hermanas no _____ tímidas. Mi madre _____ muy

   paciente conmigo. Nosotros _____ una familia muy unida.

2. **ir**

   Yo _____ a la playa mucho. Mis padres _____ al cine por

   la noche y mi hermana Julia _____ a los partidos de su novio. Los domingos

   todos nosotros _____ al centro para caminar por la plaza.

3. **ver**

   En la playa yo _____ a mis amigos. Mis padres _____

   películas no violentas generalmente y Julia _____ a su novio que jugaba al

   béisbol. En la plaza los domingos, nosotros _____ a los Rodríguez y a los

   Morales.

8-9 Cuestionario. What were things like when you were a child? Answer the questions with complete sentences in Spanish.

1. ¿Cómo eras tú cuando eras niño(a)?

   _____

2. ¿Adónde ibas a menudo con tus amigos?

   _____

3. ¿Dónde vivías?

   _____

4. ¿Qué hacías en la escuela?

   _____

5. ¿Veías mucho a tus parientes?

   _____

STRUCTURAS

Por or *para?*

8-10 Actividades durante el viaje. Fill in the blanks with **por** or **para**.

1. Emilio caminaba _____ el parque.

2. _____ mí, las rosas rojas son bonitas.

3. Julio esquiaba _____ la tarde.

4. Vamos a quedarnos allí _____ un mes.

5. Necesito los billetes _____ mañana.

6. ¿Compraste las maletas _____ veinticinco dólares?

7. Marcos sale _____ gasolina.

8. Busqué la cámara _____ ti.

9. Nosotros salimos _____ el museo.

10. Mañana _____ la noche, te llamo.

8-11 Actividades durante las vacaciones. To describe your plans for an upcoming vacation, complete the paragraph using **por** or **para**.

El sábado salimos _____ Costa Rica. Fuimos _____ los

boletos ayer. Vamos _____ avión y vamos a quedarnos allí

_____ dos semanas. El agente de viajes planeó muchas excursiones

_____ nosotros. _____ las mañanas, vamos a hacer

excursiones _____ el país y _____ las tardes, vamos a

participar en varias actividades. Podemos dar un paseo _____ el parque

nacional, montar a caballo _____ la playa o asolearnos _____

una hora. _____ el sol de Costa Rica, el agente nos recomendó una loción

bronceadora. Vamos a Costa Rica _____ descansar un poco y

_____ divertirnos.

¡Así es la vida!

8-12 Una carta. Reread the letter on page 264 of your textbook and answer the following questions with complete sentences in Spanish.

1. ¿Adónde fueron Susana y Jorge de luna de miel? ¿Cómo lo pasaron?

   _____

2. ¿Qué hicieron en San José?

   _____

   _____

3. Durante una de sus excursiones, ¿qué ciudad visitaron? ¿Cómo es conocida esta ciudad?

   _____

   _____

4. ¿Qué otro lugar de interés visitaron? ¿De dónde se podía ver esto?

   _____

   _____

5. ¿Qué hacía Jorge todas las tardes?

   _____

   _____

6. ¿Por qué tiene que dejar Susana a Raquel?

   _____

   _____

7. ¿Son buenas amigas Susana y su suegra?

   _____

8. ¿Cuándo va a llamar Susana a Raquel? ¿Por qué?

   _____

   _____

Nombre: _____ Fecha: _____

¡ASÍ LO DECIMOS!

8-13 Tu reacción. What would you say in the following situations? Choose from the list below.

Lo pasamos maravillosamente bien.   Es precioso(a).
Es una vista impresionante.   ¡Qué lástima!
Fue una estadía interesante.   ¡Buen viaje!

1. Tu mejor amigo sale en un viaje para España.

_____

2. ¿Cómo fueron las vacaciones? Fantásticas, ¿verdad?

Sí, _____

3. Estás escalando las montañas y estás en la parte más alta.

_____

4. Ves un parque pequeño donde hay muchas flores.

_____

5. Durante tus dos semanas en México, viste muchas cosas nuevas y aprendiste mucho.

_____

6. Tus amigos pasaron unas vacaciones horribles.

_____

8-14 ¡A completar! Complete each statement with an appropriate word or expression from **¡Así lo decimos!**

1. Cuando hace mucho sol, tengo que ponerme _____ para ver bien.

2. Para no perderme en la ciudad consulto el _____ .

3. En el jardín hay muchas _____ Me gustan las _____

   especialmente.

4. Esta tarde vamos a escalar una _____ .

5. Quiero sacar más fotos, necesito comprar un _____ .

6. En el _____ hay muchos árboles.

7. La _____ desde mi balcón es impresionante.

8. Necesito un traje de baño para _____ .

9. Me gusta _____ en el lago.

10. No sé _____ a caballo.

E STRUCTURAS

Adverbs ending in *-mente*

8-15 ¿Cómo lo hacen tus amigos? Indicate how you and your friends do each activity using an adverb formed from one of the adjectives below.

cuidadoso	lento	rápido	fácil
frecuente	elegante	maravilloso	difícil

1. Jorge y Juan trabajan _____.

2. Sofía camina _____.

3. Teresa siempre se viste _____.

4. Tú hablas español _____.

5. Carlitos molesta a su hermano _____.

6. Pedro, el jugador de béisbol corre _____.

7. Yo aprendo ciencias físicas _____.

8. Esteban juega fútbol _____.

8-16 ¿Cómo hacen su trabajo estas personas? Describe how these airline employees behave on the job. Choose an adjective from the list, change it to the adverbial form, and fill in each blank below.

lento	alegre	cuidadoso	general
rápido	elegante	claro	solo

1. La azafata es muy simpática y está contenta. Nos habla _____ .

2. El empleado nos prepara el boleto _____ porque tenemos mucha prisa.

3. Estas azafatas llevan ropa muy bonita y cara. Se visten _____ .

4. _____ , los pilotos vuelan _____ dos o tres veces a la semana.

5. La azafata ayudó al viejo que caminaba _____ hacia la puerta de salida.

6. El agente de viajes nos explicó el itinerario de los dos viajes muy _____ .

7. Las azafatas estudian mucho para aprender a reaccionar _____ en una emergencia.

Preterite or imperfect?

8-17 Ayer fue un día diferente. To find out how yesterday was different from all other days, complete each statement with the correct preterite or imperfect form of the verb in parentheses.

1. Siempre David _____ en el mar, ayer _____ en el lago.

   (nadar)

2. Mercedes y Víctor siempre _____ , pero ayer no _____

   (hablar)

3. Todas las mañanas yo _____ el desayuno en la cafetería, pero ayer lo

   _____ en el restaurante. (tomar)

4. Roberto y Alicia _____ todas las noches, pero ayer no

   _____ (bailar)

5. Frecuentemente, yo _____ a las fiestas, pero ayer no

   _____ (asistir)

8-18 Las vacaciones. During the summers vacation my friends and I used to work in a camp. Complete the statements with the correct preterite or imperfect form of the verbs in parentheses.

1. María y Elena siempre _____ de excursión con los niños al bosque. (iban/fueron)

2. Paco _____ las montañas por las tardes. (escaló/escalaba)

3. Todos los días, nosotros _____ en la piscina. (nadamos/nadábamos)

4. Mientras Jorge les _____ un cuento a los niños,

   Margarita _____ una siesta. (leyó/leía) , (dormía/durmió)

5. Un sábado por la mañana, los niños no _____ temprano y no

   _____ ir al lago a pescar. (se despertaron/se despertaban),

   (pudimos/podíamos)

6. Frecuentemente, todos _____ mientras Guillermo _____

   la guitarra. (cantaron/cantaban), (tocó/tocaba)

7. El domingo 4 de julio, nosotros _____ un gran picnic. (hicimos/hacíamos)

8. Después de cuatro semanas, los niños _____ a sus casas.

   _____ el final de las vacaciones. (se fueron/se iban), (Era/Fue)

8-19 El verano del '92. Describe what happened to you and your relatives during the summer of 1992. Complete the following paragraph with the correct preterite or imperfect form of the verbs in parentheses.

Todos los veranos yo (1) _____ (ir) a casa de mis tíos en Heredia. Mis primos y

yo (2) _____ (tener) mucho que hacer. Durante el día,

(3) _____ (trabajar) en la finca. Por las tardes, mientras Benito

(4) _____ (tocar) la guitarra, nosotros (5) _____ (cantar).

Todos los sábados (6) _____ (salir) de excursión a las montañas. Allí siempre

(7) _____ (jugar) y (8) _____ (nadar) en el río. Un día mi

prima Isabel (9) _____ (escuchar) un ruido que (10) _____

(venir) de una montaña. De pronto, todos (11) _____ (correr) para ver qué

(12) _____ (haber). Al llegar al lugar (13) _____ (descubrir)

una perra con muchos perritos. Nosotros (14) _____ (tomar) los perritos y los

(15) _____ (llevar) a la casa. Todos nosotros _____ (estar)

contentos. Yo nunca voy a olvidar ese verano.

SÍNTESIS
Al fin y al cabo

8-20 Conversaciones con el agente de viajes. You're spending the year studying in Spain and are planning a trip for your Spring vacation. How would you communicate the following to a travel agent in Spain?

1. You need to buy a roundtrip ticket to Paris. You want a nonstop flight.

    _____

    _____

2. You want a window seat near the wing, in the non-smoking section in coach class.

    _____

    _____

3. You need to know the departure and arrival times.

    _____

    _____

4. For your trip to Paris, you're looking for a package deal that includes the flight, lodging in a hotel for the weekend and a tour of the city.

    _____

    _____

5. Tell the agent you'll pick up the tickets at the airline counter at the airport. Ask the agent if she needs to see your passport.

    _____

    _____

8-21 Tu último viaje. Using the preterite and imperfect, describe a recent vacation. In the first paragraph describe where you went, the weather, and the accommodations. In the second paragraph describe what you did each day and how you felt.

_____

_____

_____

_____

_____

_____

_____

_____

_____

_____

_____

_____

_____

_____

_____

_____

_____

_____

_____

_____

8-22 Especiales de viajes. Decide on a travel destination based on the following advertisement. Write about the city of destination, why you want to visit it, number of days of the tour, price and how are you planning to pay.

Condor Travel &Tours

Le ofrecemos grandes ahorros en sus viajes enviamos dinero y paquetes a Chile

Madrid	Las Vegas	Nueva York	Los Angeles
Ida y Vuelta	3 días/2 noches	Ida y Vuelta	Ida y Vuelta
$488	$339	$195	$296

Especiales en Cruceros **desde $245**

Disney World $168
Por Persona/Mínimo 4.
3 días/2 noches Transporte · Hotel y Entradas.

4597 NW 7 Street Miami, FL 33126 (305) 448-8922 446-9862 Fax

Linea Nacional 1-800-624-5679 Aceptamos tarjetas de crédito.

2725 W 6 Street Los Angeles, CA 90057 (213) 487-2142 487-7036 Fax

La rutina diaria

PRIMERA PARTE
¡Así es la vida!

9-1 ¿Cierto o falso? Reread the descriptions on page 285 of your textbook and indicate whether each statement is **C (cierto)** or **F (falso)**. If a statement is false, cross out the incorrect information and write the correction above it.

1. Los hermanos Castillo son españoles.	C	F
2. A Antonio le gusta dormir tarde.	C	F
3. Todas las mañanas, Antonio se cepilla los dientes después de levantarse.	C	F
4. Antonio les prepara el desayuno a sus hermanos.	C	F
5. A Beatriz le gusta levantarse temprano.	C	F
6. Ella salió de la casa hoy después de maquillarse.	C	F
7. Beatriz se lavó la cara.	C	F
8. Enrique es madrugador.	C	F
9. Por las noches, se acuesta muy temprano.	C	F
10. El jefe de Enrique siempre está alegre.	C	F

¡ASÍ LO DECIMOS!

9-2 ¡A completar! Complete each statement with an appropriate word or expression from ¡Así lo decimos!

1. Para despertarme a tiempo, necesito un _____ .

2. Uso _____ para bañarme.

3. Para cepillarme los dientes, necesito un _____ y _____ .

4. Para cortarme las uñas, uso unas _____ .

5. Para pintarme los labios, uso un _____ .

6. Antes de salir, me miro en el _____ .

7. Para secarme el pelo, uso una _____ .

8. Antes de afeitarme, uso una _____ .

9. Para pintarme la cara, uso _____ .

10. Después de ducharme, uso una _____ para secarme.

9-3 Un poco de lógica. Rearrange each group of sentences in a logical order.

1. Me seco con una toalla. Me preparo el desayuno. Me levanto. Me baño. Me despierto.

_____

_____

2. Se viste. Se afeita. Raúl se ducha. Se cepilla el pelo. Se mira en el espejo.

_____

_____

3. Mis amigos se quitan la ropa. Se acuestan. Se cepillan los dientes. Se duermen.

_____

_____

4. Nos ponemos la ropa. Nosotros nos ponemos la crema de afeitar. Nos lavamos la cara. Nos afeitamos.

_____

_____

STRUCTURAS

Reflexive pronouns and verbs

9-4 ¿Qué hacen estas personas por la mañana? Complete the sentences with the appropriate present tense form of the reflexive verbs in parentheses.

1. Ana María _____ en el espejo antes de salir. (mirarse)

2. Nosotros _____ a las siete. (levantarse)

3. Carlos _____ con una toalla. (secarse)

4. ¿_____ la cara (tú)? (Lavarse)

5. Mamá _____ . (maquillarse)

6. Los niños _____ a las siete. (bañarse)

7. Yo _____ después de _____ . (ducharse/levantarse)

8. Ana _____ un vestido nuevo. (ponerse)

9. Papá _____ con una máquina de afeitar eléctrica. (afeitarse)

10. ¿_____ (tú) las uñas por la mañana? (Pintarse)

9-5 ¿Qué pasó ayer? Complete the following paragraph with the appropriate preterite form of the verbs in parentheses.

Anoche yo (1) _____ (acostarse) muy tarde después de un día muy largo. A las

siete de la mañana (2) _____ (despertarse) y decidí dormir un poco más.

(3) _____ (Dormirse) y (4) _____ (olvidarse) de poner el

despertador. A las nueve (5) _____ (despertarse) otra vez. ¡Entonces

(6) _____ (acordarse) del examen de historia a las nueve y media! Pues,

(7) _____ (ducharse) rápidamente y (8) _____ (ponerse) de

jeans y un suéter grande. (9) _____ (Salir) del cuarto sin desayunar, sin

(10) _____ (pintarse), sin (11) _____ (mirarse) en el espejo.

Cuando (12) _____ (llegar) a la clase de historia, todos (13)

_____ (reírse) de mí porque yo (14) _____ (olvidarse) de

(15) _____ (ponerse) los zapatos. ¡Qué desastre!

9-6 Mandatos, mandatos. You and your friends are hosting a party at your dorm. Just as the party is about to begin, you all start giving each other orders because you want everyone to be ready and everything to go well. Use the **tú** command of the verbs in parentheses as appropriate.

1. Alicia, _____ el vestido nuevo. (Ponerse)

2. Patricio, no _____ . Es casi la hora. (dormirse)

3. Magdalena, no _____ nerviosa. Todo está bien. (ponerse)

4. Julio, _____ ahora mismo. (afeitarse)

5. Juan Bruno, no _____ esos zapatos. (ponerse)

6. Camila, _____ _____ una taza de té.

(sentarse/prepararse)

7. Rosa, _____ (peinarse).

8. No _____ conmigo, Teresa. (enojarse)

9. Gilberto, _____ las manos antes de cocinar. (lavarse)

10. Rosaura, _____ pronto. (vestirse)

9-7 Preguntas personales. Answer the questions below with complete sentences in Spanish.

1. ¿ Eres magrudador(a)? ¿A qué hora te despiertas?

_____

2. ¿Prefieres bañarte o ducharte?

_____

3. ¿Con qué te afeitas?

_____

4. ¿Cuándo te pones perfume o loción?

_____

5. ¿Qué cosas te ponen impaciente?

_____

6. ¿Qué te pone contento(a) y qué te pone triste?

_____

7. ¿Cuándo te pones nervioso(a)?

_____

8. Generalmente, ¿a qué hora te acuestas?

_____

Reciprocal reflexives

9-8 Celina y Santiago. Celina and Santiago are madly in love with each other. What does Celina say they do? Follow the model.

MODELO: llamarse por teléfono todos los días
    ► Nosotros nos llamamos por teléfono todos los días.

1. quererse mucho _____

2. escribirse poemas todos los días _____

3. contarse los problemas _____

4. hablarse antes y después de clase _____

5. ayudarse con la tarea _____

6. pasearse por el parque _____

7. sentarse cerca de un árbol _____

8. decirse que amarse mucho _____

9. besarse mucho _____

10. tratarse muy bien _____

9-9 Mis amigos. Complete the narrative about a day you spent with some friends by filling in the blanks with the correct preterite form of the reflexive verbs in parentheses.

Mis amigos y yo (1) _____ (encontrarse) en el centro estudiantil el sábado

pasado y (2) _____ (proponerse) ir a la playa ese día. En la playa (3)

_____ (sentarse), nosotros (4) _____ (decirse) muchas cosas y

(5) _____ (bañarse) en el mar. Luego, (6) _____ (dormirse)

bajo la sombrilla y cuando (7) _____ (despertarse), (8) _____

(volverse) a bañar en el mar. Después de llegar a casa (9) _____ (prepararse)

unos sándwiches y (10) _____ (ponerse) listos para ir a una fiesta. Nosotros (11)

_____ (divertirse) mucho y luego (12) _____ (despedirse) a

la una de la mañana.

9-10 ¡Qué romántico! Jorge and Susana are getting married. Tell how they met by combining the sentences and using reciprocal reflexives.

MODELO: Jorge conoció a Susana en la fiesta. Susana conoció a Jorge en la fiesta.
    ▶ Susana y Jorge se conocieron en la fiesta.

1. Jorge miró a Susana. Susana miró a Jorge.

_____

2. Jorge le sonrió a Susana. Susana le sonrió a Jorge.

_____

3. Susana le dijo "Hola" a Jorge y Jorge le dijo "Hola" a Susana.

_____

4. Jorge le pidió el nombre a Susana. También Susana le pidió el nombre a Jorge.

_____

5. Susana le ofreció un refresco a Jorge. Jorge le ofreció un refresco a Susana.

_____

6. Jorge le habló a Susana de su trabajo. Ella también le habló de su trabajo.

_____

7. Jorge decidió llamar a Susana. Susana decidió llamar a Jorge también.

_____

8. Jorge invitó a Susana al cine. Ella también lo invitó al cine.

_____

9-11 El verano. It's summer and you are no longer on campus. Answer these questions about your relationship with your friends.

1. ¿Se escriben a menudo, tú y tus amigos?

_____

2. ¿Se cuentan cosas muy personales?

_____

3. ¿Se hablan por teléfono?

_____

4. ¿Se ven a menudo?

_____

5. ¿Se visitan durante el verano?

_____

Hacer in time expressions

9-12 El tiempo vuela. Write sentences with **hace que** to find out how things happened some time ago.

MODELO: Son las cuatro. Ana María/maquillarse/a las doce
    ► Hace cuatro horas que Ana María se maquilló.

1. Hoy es sábado. Pablo/afeitarse/el viernes

_____

2. Son las cinco. Mario/peinarse/a las cuatro

_____

3. Son las ocho. La película/empezar/a las seis

_____

4. Hoy es el veinte de agosto. Las clases/terminarse/el 20 de julio

_____

5. Hoy es martes. Pepe/bañarse/el sábado

_____

6. Hoy es el tres de mayo de 1997. María/visitar/a su novio/el tres de mayo de 1996

_____

7. Hoy es martes diecisiete. Raúl/llegar/el viernes trece

_____

8. Son las nueve. Petra/secarse/el pelo/a las tres

_____

9-13 ¿Cuánto tiempo hace? Say how long ago you did these things.

MODELO: ¿Hace cuánto que no vas a la playa? (un año)
► Hace un año que no voy a la playa.

1. ¿Cuánto tiempo hace que no te afeitas? (un día)

    _____

2. ¿Hace cuánto que no te secas el pelo? (dos días)

    _____

3. ¿Hace cuánto que no te maquillas? (una semana)

    _____

4. ¿Desde hace cuánto no te lavas los dientes? (esta mañana)

    _____

5. ¿Hace cuánto que no te pones un traje? (un año)

    _____

6. ¿Desde hace cuánto no te pintas los labios? (un mes)

    _____

7. ¿Cuánto tiempo hace que no te pones perfume? (dos semanas)

    _____

8. ¿Desde hace cuánto no te bañas en la playa? (mucho tiempo)

    _____

¡Así es la vida!

9-14 Trabajo en casa. Reread the story on page 299 of your textbook and complete the statements below in Spanish.

1. Los Real esperan hoy _____ .

2. La señora Real les pide _____ .

3. Los hijos y la Sra. Real van a _____ .

4. Salvador tiene que _____ ,

_____ y _____ .

5. Clemencia tiene que _____ y

_____ .

6. Cuando eran niños, la familia Real vivía _____ .

7. Rafaela era _____ y hacía

_____ .

8. Clemencia sueña con _____ .

9. Aquel chico _____ en casa de los abuelos.

10. Salvador y Clemencia no están trabajando. Están _____ .

11. Clemencia dice que recordar es _____ .

12. A Salvador se le _____ .

13. A Clemencia se le _____ .

14. La señora Real les dice _____ .

9-15 ¡A completar! Fill in each blank with the appropriate word from the list below. Make any changes that are necessary.

| sillón | cuadro | libreros | basura | cubo |
| escoba | garaje | hierba | secadora | sala |

1. Nosotros nos sentamos en el _____ .

2. Hay un _____ en la pared.

3. Mi carro está dentro del _____ .

4. Necesito un _____ con agua para lavar el carro.

5. Tú tienes que barrer la _____ hoy.

6. Las novelas están en esos _____ .

7. En mi casa yo saco la _____ después de la cena.

8. Mañana tenemos que cortar la _____ .

9. La ropa está dentro de la _____ .

10. Barro la terraza con una _____ .

9-16 Cómo ordenar tu apartamento. Give specific orders to your roommates regarding where you want your furniture. Follow the model.

MODELO: ► Pon aquel sillón en la sala contra la pared.

En la sala

1. _____

2. _____

3. _____

4. _____

5. _____

En el dormitorio

6. _____

7. _____

8. _____

9. _____

En el comedor

10. _____

11. _____

12. _____

13. _____

9-17 ¿Con qué frecuencia haces estos quehaceres? Answer the questions using time words or expressions from **¡Así lo decimos!**

MODELO: ¿Con qué frecuencia cortas la hierba?
► Corto la hierba una vez a la semana.

1. ¿Con qué frecuencia limpias tu cuarto?

_____

2. ¿Cuándo haces la cama?

_____

3. ¿Con qué frecuencia lavas la ropa?

_____

4. ¿Con qué frecuencia pasas la aspiradora?

_____

5. ¿Con qué frecuencia sacas la basura?

_____

6. ¿Cuándo barres el pasillo?

_____

Nombre: _____ Fecha: _____

9-18 Las casas y apartamentos. Read the advertisement and answer the following questions with complete sentences in Spanish.

1. ¿Cuántas plantas tiene la casa que está en Benalmádena?

_____

_____

_____

2. ¿Qué tiene la casa?

_____

_____

_____

3. ¿Cuál es más grande, la casa que está en Velez-Málaga o la casa que está en Benalmádena? ¿Cómo lo sabes?

_____

4. ¿Cuál es la casa con más baños?

_____

5. ¿Cuál de las casas tiene garaje?

_____

6. ¿Cuál es la casa más cara de todas y cuánto cuesta?

_____

7. ¿Cuánto vale el apartamento que está en Murcia?

_____

8. ¿Cuál de las casas quieres comprar y por qué?

_____

ESTRUCTURAS

Impersonal *se* and passive *se*

9-19 Un amigo pretencioso. A friend who hasn't been anywhere for a long time makes inaccurate statements about travelling. Correct him, following the model.

MODELO: Viajar por avión cuesta menos que viajar por tren. (decir)
► Ahora se dice que viajar por avión no cuesta menos.

1. Siempre fumo en los aviones. (poder)

Ahora _____

2. Los vuelos no llegan a tiempo. (decir)

Ahora _____

3. No hay revistas ni periódicos en el aeropuerto. (vender)

Ahora _____

4. No hay sándwiches ni otras comidas en el aeropuerto. (ofrecer)

Ahora _____

5. Nunca sé el número del vuelo. (necesitar)

Ahora _____

6. Nunca facturo las maletas. (facturar)

Ahora _____

7. No es posible llevar dos maletas. (poder)

Ahora _____

8. Nunca presento la tarjeta de embarque. (deber)

Ahora _____

9. Los aviones son menos seguros (*safe*) que los coches. (creer)

Ahora _____

10. En la aduana nunca examinan las maletas. (examinar)

Ahora _____

9-20 Instrucciones para una limpieza. You are an expert house cleaner and you want to provide some tips on how to clean a living room. Complete the paragraph with the pronoun **se** and the indicated verbs.

Cuando (1) _____ (limpiar) una sala, (2) _____ (tener) que hacerlo con una aspiradora y una escoba. Antes de comenzar a limpiar (3) _____ (revisar) bien la aspiradora y (4) _____ (poner) todo en su lugar. (5) _____ (decir) que en una sala donde hay alfombras, hay que tener mucho cuidado. Primeramente, (6) _____ (pasar) la aspiradora sobre la alfombra a menudo y luego, al (7) _____ (teminar) con la aspiradora, (8) _____ (necesitar) una escoba para barrer los lugares donde no hay alfombras. Nunca (9) _____ (pasar) la escoba por la alfombra. Al terminar la limpieza (10) _____ (poner) la aspiradora y la escoba en su lugar.

9-21 El (La) experto(a). Let's see how much you know about doing household chores. Answer the following questions with complete sentences in Spanish.

1. ¿Qué se necesita para barrer la terraza?

_____

2. ¿Qué se usa para limpiar el piso?

_____

3. ¿Dónde se pone la basura?

_____

4. ¿Dónde se ponen los platos sucios?

_____

5. ¿Para qué se usa una aspiradora?

_____

6. ¿Qué se usa para planchar la ropa?

_____

7. ¿Qué se pone dentro de un cubo?

_____

8. ¿Para qué se usa una lavadora?

_____

9-22 La tienda de electrodomésticos. Susana goes to "La Solución," her favorite appliance store because of the special service it offers. Find out what she likes about it by completing the following paragraph with the passive **se** and the correct form of the verb from the list below.

hablar	abrir	cerrar	conseguir
decir	atender	trabajar	poder

Me gusta la tienda "La Solución." (1) _____ que es la mejor tienda de la ciudad

y allí (2) _____ todo el día . En "La Solución" (3) _____

español y (4) _____ rápidamente al cliente. En esa tienda

(5) _____ planchas y aspiradoras muy baratas, y (6) _____

pagar con tarjetas de crédito. "La Solución" (7) _____ a las ocho de la mañana

y (8) _____ a las diez de la noche.

Se for unplanned occurences

9-23 Problemas, problemas. Everyone had problems yesterday. Rewrite the sentences below, substituting the cues in parentheses.

1. A Raúl se le cayó la escoba de la terraza. (a nosotros, a ti, a mí)

_____

_____

2. Se me perdieron los refrescos. (a Ana, a Anita y a Rodrigo, a nosotros)

_____

_____

3. Se nos olvidó pasar la aspiradora. (a ti, a mí, a mi mamá)

_____

_____

4. Se les rompieron los vasos al poner la mesa. (a mí, a Susana, a nosotros)

_____

_____

5. Se nos quedaron los utensilios. (a ti, a María, a los Gómez)

_____

_____

9-24 Excusas, excusas. Everyone has excuses. Following the model and using the cues in parentheses, answer the questions below.

MODELO: ¿Dónde están las llaves? (perder/yo)
         ► Se me perdieron.

1. ¿Por qué no fuiste al café? (olvidar la fecha/yo)

_____

2. ¿Dónde están los vasos? (caer/Federico)

_____

3. ¿Dónde están tus maletas? (quedar en Francia/yo)

_____

4. ¿Por qué no nos encontraron Uds. en el museo? (perder el mapa/nosotros)

_____

5. ¿Por qué fue Ana al hotel y no a la playa? (ocurrir dormir la siesta/Ana)

_____

6. ¿Dónde están los pasaportes suyos? (perder en la ciudad/ellos)

_____

7. ¿Por qué compraste más recuerdos? (romper los otros/yo)

_____

8. ¿Dónde está la mochila? (quedar en el hostal/tú)

_____

The relative pronouns *que*, *quien*, *lo que*

9-25 Una conversación entre amigos. There's a party tomorrow and Jorge still doesn't have a date. He is talking with his friend Joaquín, when Angélica walks in. Complete the conversation between Jorge and Joaquín using the relative pronouns **que**, **quien** or **lo que**.

JORGE: Allí está la chica con _____ quiero salir.

JOAQUÍN: No sabías _____ conocías a Angélica.

JORGE: No, no la conozco, pero sé _____ es venezolana.

JOAQUÍN: ¿Sabes _____ ella vive cerca de tu casa?

JORGE: No, pero sé _____ la amo. ¿Sabes si tiene novio?

JOAQUÍN: No, pero si sé, _____ ella es muy bonita.

JORGE: Yo quiero invitarla, pero es _____ tengo miedo.

JOAQUÍN: _____ tienes que hacer es invitarla ahora mismo.

JORGE: Es _____ tengo pena.

JOAQUÍN: ¡Caramba! _____ tienes que hacer es ir a ver a un psicólogo.

9-26 Los quehaceres de Maribel. Maribel needs help with her household chores. Complete the paragraph with the appropriate relative pronouns **que, quien(es)** and **lo que.**

Maribel es una chica muy inteligente, (1) _____ pasa es

(2) _____ es muy perezosa. (3) _____ menos le gusta a

Maribel es limpiar la casa y (4) _____ tiene que hacer es pedir ayuda. Los

amigos con (5) _____ ella sale no pueden venir a ayudarla, pero Felo, el chico

con (6) _____ ella estudia viene a ayudarla. También viene a ayudarla, Mayda,

una amiga (7) _____ habla mucho con ella por teléfono.

(8) _____ hace Felo muy bien es barrer la terraza y

(9) _____ hace Mayda muy bien es sacudir los muebles. Y ¿qué es

(10) _____ que hace Maribel? (11) _____ hace ella es

siempre hablar mucho y trabajar poco. ¿Qué es (12) _____ haces tú cuando

tienes que limpiar tu casa?

S Í N T E S I S
Al fin y al cabo

9-27 Tu rutina diaria. Write a paragraph describing your daily routine, from the time you wake up to the time you go to bed. Try to use as many new vocabulary words and expressions as possible.

_____

_____

_____

_____

_____

_____

_____

_____

_____

_____

_____

_____

_____

_____

9-28 Los quehaceres domésticos. Describe what chores were assigned to each member of your household when you were younger. Use the imperfect and tell what you and your family used to do and how everyone felt about the chores. If you can remember, describe what you thought about while you were doing your chores.

_____

_____

_____

_____

_____

_____

_____

_____

_____

_____

_____

_____

_____

_____

_____

9-29 El(La) agente de bienes raíces. Read the following advertisements and imagine you are a real estate agent. Write a sales pitch for one of them.

OFERTA INMOBILIARIA Boletín Nº 1

ALICANTE

Alfaz del Pi
C/Rosignol, 5. Vivienda unifamiliar de 2 plantas con una superficie construida de 363,21 m².
5 dormitorios, 2 salones, 3 baños, aseos, cocina, office y porche.
Precio venta: 40.000.000 pts.

Denia
Edificio París, 1- ático, Puerta 25
3 dormitorios, cocina, salón/comedor, cocina y baño.
Superficie: 90m².
Precio operativo: 5.000.000 pts.

Javea
Vivienda unifamiliar de dos plantas con piscina, cancha de tenis, cuadra y pequeña huerta.
4 dormitorios, salones, cocina, baños, y aseo.
Precio venta: 35.700.000 pts.

ALMERIA

Almería
Urbanización Costablanca.
2 dormitorios, salón/comedor, cocina, baño y terraza.
Superficie: 42m².
Precio venta: 3.000.000 pts.

BALEARES/Ibiza

Ibiza
C/Cataluña 31
3 dormitorios, salón, comedor, cocina y baño
Precio venta: 10.800.000 pts.

Para su información llame al 301-18 18 18

OFERTA INMOBILIARIA • BEXX•   OFERTA INMOBILIARIA • BEXX•

_____

_____

_____

_____

_____

_____

_____

_____

_____

_____

_____

¡Tu salud es lo primero!

PRIMERA PARTE
¡Así es la vida!

10-1 ¡Qué mal me siento! Reread the conversations on page 323 of your textbook and answer the questions below with complete sentences in Spanish.

1. ¿De qué está hablando don Remigio con su esposa?

   _____

2. ¿Cuánto tiempo hace que está enfermo?

   _____

3. ¿Qué quiere doña Refugio?

   _____

4. ¿En qué insiste ella?

   _____

5. ¿Qué síntomas tiene don Remigio?

   _____

6. Según don Remigio, ¿a qué es alérgico?

   _____

7. ¿Qué tiene don Remigio según el médico?

   _____

8. ¿Qué odia don Remigio?

   _____

Nombre: _____ Fecha: _____

¡ASÍ LO DECIMOS!

10-2 ¿Qué me recomienda Ud.? You are a doctor and need to recommend various courses of action to your patients. Respond to each complaint, using an expression from the list below and the **Ud.** command form.

hacer una cita con el médico. Él se lo va a explicar.
tomarse este jarabe para la tos
tomarse este antibiótico por diez días
hacer una cita conmigo la semana que viene si no se siente mejor
venir al consultorio para una inyección
ir al hospital para una radiografía
guardar cama por dos días
tomarse dos aspirinas y llamarme por la mañana
tomarse un antiácido
dejar de fumar

1. Me duele mucho la garganta.

   _____

2. Toso tanto que no puedo dormir.

   _____

3. Creo que me rompí el dedo del pie.

   _____

4. Soy muy alérgico a la hierba.

   _____

5. Me duele mucho la cabeza.

   _____

6. Creo que tengo la gripe.

   _____

7. Me duele todo el cuerpo.

   _____

8. Comí demasiado y ahora me duele el estómago.

   _____

9. No puedo respirar bien cuando hago ejercicios.

   _____

10. ¿Cuándo van a operarme?

   _____

10-3 ¡A completar! Complete each statement with a word or expression from **¡Así lo decimos!**

1. Si alguien cree que tiene fiebre, debe _____.

2. El _____ trabaja en la farmacia.

3. Si el médico quiere examinarle la garganta al paciente, éste debe _____ .

4. Cuando alguien está enfermo, a veces el médico le _____ unas pastillas.

5. Si _____ , debe tomarse dos aspirinas.

6. Cuando era niño, Antonio siempre _____ cuando viajaba en el coche de

    sus padres. Le dolía mucho el estómago y vomitaba.

7. Esta semana Jorge no puede hacer ejercicios con nosotros porque la semana pasada,

    _____ cuando corríamos.

8. Los dientes y la lengua están dentro de la _____ .

9. La _____ es un líquido rojo que pasa por todo el cuerpo.

10. Los órganos que usamos para respirar se llaman _____ .

10-4 El cuerpo. Identify the numbered parts of the body in the illustration below.

1. _____   8. _____
2. _____   9. _____
3. _____   10. _____
4. _____   11. _____
5. _____   12. _____
6. _____   13. _____
7. _____   14. _____

STRUCTURAS

Formal commands

10-5 En el consultorio médico. You are a doctor and you are seeing patients at your office. Here is what you tell them. Use the correct formal command of the verbs in parentheses.

1. Señora Gómez, _____ menos. (comer)

2. Señor López, _____ menos cerveza. (beber)

3. Don Carlos, _____ la presión todos los días. (tomarse)

4. Doña Francisca, _____ ocho horas al día. (dormir)

5. Señores Díaz, _____ tranquilos. (estarse)

6. Don Luis y doña Inés, _____ más en su salud. (pensar)

7. Señores Barrios _____ una cita con el médico. (pedir)

8. Profesor González _____ al hospital inmediatamente. (ir)

9. Señores Salinas _____ más pacientes. (ser)

10. Señorita Servático _____ a verme mañana. (volver)

10-6 En la cocina del hospital. You work in the hospital kitchen and your boss is giving you instructions about what to do. Use the **Ud.** command form of the verb in parentheses.

1. _____ bien las instrucciones. (Leer)

2. _____ mis instrucciones. (Seguir)

3. _____ lo que le digo. (Hacer)

4. _____ el agua por dos minutos. (Hervir)

5. _____ el pan a hornear. (Poner)

6. _____ los ingredientes. (Probar)

7. _____ a poner la comida en el plato. (Empezar)

8. _____ bien como servir la comida. (Saber)

9. _____ ayuda si la necesita. (Pedir)

10. _____ la comida a las siete. (Servir)

10-7 En la facultad de medicina. You and your classmates are medical students. You ask your professors questions, and they cannot agree about the instructions they give you. Follow the model.

MODELO: ¿Le tomamos la presión al paciente?
► Sí tómenle la presión al paciente.
No, no le tomen la presión al paciente.

1. ¿Le escribimos la receta a la señorita?

_____

_____

2. Le comenzamos el análisis al paciente?

_____

_____

3. ¿Le sacamos sangre a la niña?

_____

_____

4. ¿Le hacemos una radiografía al señor?

_____

_____

5. ¿Les damos un calmante a los enfermos?

_____

_____

6 .¿Le ponemos una inyección a don Camilo?

_____

_____

7. ¿Les traemos el jarabe a esos chicos?

_____

_____

8. ¿Le decimos la verdad al señor Suárez?

_____

_____

9. ¿Le recomendamos hacer ejercicios a la señora?

_____

_____

10. ¿Le pedimos una cita con el médico a don Remigio?

_____

_____

General use of the Spanish subjunctive

10-8 ¡A practicar! Give the present subjunctive form of the following persons and verbs.

1. NOSOTROS: caminar _____   beber _____   escribir _____

2.   ELLOS: hacer _____   oír _____   traer _____

3.   YO: conocer _____   dormir _____   sentarse _____

4. USTEDES: llegar _____   seguir _____   sacar _____

5.   TÚ: sentirse _____   buscar _____   ser _____

6.   ÉL: dar _____   venir _____   estar _____

7.   USTED: leer _____   levantarse _____   salir _____

8.   ELLA: devolver _____   ir _____   decir _____

The Spanish subjunctive in noun clauses

10-9 Mamá está enferma. Our mother is sick and our brother, Felipe is in charge. Write out the things he wants us to do. Follow the model.

MODELO: Julio / llamar al médico
► Felipe quiere que Julio llame al médico.

1. Romelio / ir a la farmacia

   _____

2. Ernesto y Carlos / buscar las pastillas

   _____

3. Nosotros / comprar el jarabe

   _____

4. Yo / atender a mamá

   _____

5. Tú / bañar a Anita

   _____

6. Ramiro / ayudar a levantarse a mamá

   _____

7. Paula y yo / cocinar hoy

   _____

8. Papá / salir temprano y comprar los antibióticos

   _____

10-10 Unas recomendaciones. Complete these recommendations by filling in the blanks with the present subjunctive form of the verbs in parentheses.

1. El médico quiere que Ud:

   _____ menos. (fumar)

   _____ (respirar)

   _____ (guardar)

   _____ la lengua. (sacar)

2. Los médicos quieren que tú:

   _____ a hacerte una radiografía. (ir)

   _____ una cita con ellos. (hacer)

   _____ las radiografías a la cita. (traer)

   _____ en el hospital a las cinco. (estar)

3. El hospital quiere que nosotros:

   _____ la cuenta. (pagar)

   _____ con el médico. (hablar)

   _____ 15 minutos antes de la hora de la cita. (venir)

   _____ una hora antes de la operación. (llegar)

4. El farmacéutico quiere que yo:

   _____ temprano a la farmacia. (venir)

   _____ la temperatura. (tomarse)

   _____ el jarabe. (tomar)

   _____ mi número de teléfono. (darle)

5. Los padres quieren que sus niños:

   no _____ náuseas durante el viaje. (tener)

   no _____ . (enfermarse)

   no _____ ningún hueso. (romperse)

   no _____ . (toser)

The subjunctive to express volition

10-11 En el consultorio del médico. Complete the paragraphs about what people in the doctor's office recommend and prefer with the correct present subjunctive form of the verbs in parentheses.

1. El médico recomienda que el niño _____ (dormir) mucho esta noche y que

   _____ (beber) muchos líquidos. También recomienda que no

   _____ (hacer) ejercicios por una semana. Insiste en que no

   _____ (correr), que no _____ (nadar) y que no

   _____ (bailar).

2. La recepcionista prefiere que yo _____ (escribir) la información en el

   formulario y que _____ (pagar) la cuenta inmediatamente. Quiere que le

   _____ (pedir) al médico la fecha de la próxima cita. También quiere que la

   _____ (llamar) si necesito hablar con el médico.

3. La doctora recomienda que nosotros _____ (levantarse) tarde y que

   _____ (acostarse) temprano. Sugiere que no _____

   (trabajar) por dos o tres días y que _____ (empezar) a descansar más.

   También sugiere que _____ (comer) más frutas y vegetales y que

   _____ (dormir) más.

10-12 Mandatos, mandatos. You are the leader of a group discussing health issues. Choose a verb from the list and change each direct command to an indirect command. Follow the model.

MODELO: Ven aquí.
    ► Quiero que vengas aquí.

querer   recomendar
desear   pedir
decir   mandar
sugerir

1. ¡Hagan Uds. una cita con el médico cada año!

   _____

2. ¡Fuma menos, tú!

   _____

3. Aprendan a tomarse la temperatura.

   _____

4. Tome Ud. aspirinas solamente si le duele mucho la cabeza.

   _____

5. Ten cuidado con las medicinas.

   _____

6. Hablen con un médico si tienen preguntas.

   _____

7. Come muchas legumbres.

   _____

8. No bebas mucha cerveza.

   _____

9. Empiecen a pensar en su salud.

   _____

10. No duerma más de diez horas cada noche.

    _____

10-13 Una vida saludable. You and your friends have decided to adopt healthier lifestyles. Explain how you're going to go about this by filling in the blanks with the subjunctive, indicative, or infinitive form of each verb in parentheses.

Uno de nuestros amigos, Pablo, participa en un programa de salud. Ahora insiste en que nosotros

(1) _____ (participar) con él. Desea que todos nosotros

(2) _____ (estar) sanos y que no (3) _____ (enfermarse).

Pablo dice que el programa (4) _____ (ser) fácil y que

(5) _____ (poderse) empezarlo inmediatamente, pero también recomienda que

nosotros (6) _____ (hacer) una cita con el médico antes de

(7) _____ (empezar) el programa. Nos sugiere que (8) _____

(correr) un poco todos los días y que (9) _____ (hacer) ejercicios con él. Es

necesario (10) _____ (continuar) con el programa por dos meses, según Pablo.

Durante una práctica de ejercicios, desea que (11) _____ (tocarse) los dedos del

pie con los dedos de la mano. En otra práctica, nos aconseja que (12) _____

(levantar) las piernas y que las (13) _____ (bajar) lentamente. Es necesario

(14) _____ (respirar) normalmente durante toda la práctica. Antes de cada

práctica, nos pide que (15) _____ (ver) un video de ejercicios antes de

(16) _____ (practicar). ¡Vamos a (17) _____ (sentirse)

perfectamente bien muy pronto!

10-14 Recomendaciones. A friend wants some advice from you about staying in good health. Give your recommendations by completing the following sentences. Use a different verb in each sentence.

1. Te recomiendo que _____

2. Te mando que no _____

3. Te aconsejo que _____

4. Te pido que _____

5. Te prohibo que _____

6. Te digo que tú y tus amigos _____

7. También les sugiero que Uds. _____

8. Deseo que Uds. _____

SEGUNDA PARTE

¡Así es la vida!

10-15 Ojo a la dieta. Answer the following questions based on the article on page 340 of your textbook with complete sentences in Spanish.

1. ¿Por qué es importante vigilar la alimentación?

   _____

2. ¿Qué enfermedades cobran vidas?

   _____

3. ¿Cómo se puede reducir el riesgo de estas enfermedades?

   _____

4. Según el artículo, ¿qué alimentos se deben limitar?

   _____

5. ¿Qué alimentos son buenos?

   _____

6. ¿Qué otros factores contribuyen a la buena salud?

   _____

 **¡A SÍ LO DECIMOS!**

10-16 ¡A escoger! Select the most appropriate word or phrase to complete each statement and write it in the space provided.

1. Si alguien desea adelgazar, necesita eliminar

   de su dieta _____

   a. las frutas

   b. la grasa

   c. las legumbres

2. Para mantenerse en forma, se necesita

   _____ .

   a. fumar

   b. engordar

   c. hacer ejercicios aeróbicos

3. Para subir de peso, se necesita

   _____ .

   a. estar a dieta

   b. adelgazar

   c. comer muchos carbohidratos

4. Algunos médicos insisten en que sus

   pacientes tengan bajo el

   _____ .

   a. cigarrillo

   b. colesterol

   c. reposo

5. Se compran los alimentos más saludables en

   _____ .

   a. el centro naturalista

   b. la pastelería

   c. la mueblería

6. Para ponerse en forma, recomiendo que

   _____ .

   a. comas más

   b. trotes

   c. engordes

7. Si el sobrepeso es un problema, hay que

   _____ .

   a. beber las bebidas alcohólicas

   b. comer avena

   c. guardar la línea

8. Un tipo de ejercicio es

   _____ .

   a. la estatura

   b. la gimnasia

   c. el reposo

10-17 Consejos. Using words and expressions from **¡Así lo decimos!**, give advice to your friends by completing the statement below.

1. Estoy muy cansada siempre.

   Te sugiero que _____

2. Mi colesterol está muy alto. ¿Qué hago?

   Te recomiendo que _____

3. Como demasiadas grasas. ¿Qué me puedes aconsejar?

   Te aconsejo que _____

4. Mi amigo fuma cigarrillos y bebe bebidas alcohólicas.

   Dile que _____

5. No sé si debo ponerme a dieta. ¿Qué te parece?

   Te sugiero que _____

10-18 Cuestionario. Answer the questions below with complete sentences in Spanish.

1. ¿Cómo guardas la línea?

   _____

2. ¿Quieres adelgazar o engordar?

   _____

3. ¿Necesitas ponerte en forma?

   _____

4. Cuando haces ejercicios, ¿qué haces?

   _____

5. ¿Te cuidas bien? ¿Qué haces para cuidarte?

   _____

6. ¿Comes alimentos saludables o no saludables?

   _____

STRUCTURAS

The subjunctive to express feelings and emotions

10-19 En el gimnasio. Form complete sentences using the cues provided. Make all necessary changes and add any other necessary words.

MODELO: (yo) / esperar / (tú) / hacer ejercicios
    ► Espero que hagas ejercicios.

1. (yo) / enojarse / (tú) / no cuidarse / mejor

   _____

2. ¿(tú) / temer / haber / demasiado / grasa / en el chocolate?

   _____

3. (nosotros) / sentir / (tú) / no poder / levantar pesas / esta / tarde

   _____

4. ¿(Uds.) / lamentar / el club / no estar / abierto?

   _____

5. Mis amigos / esperar / (yo) / hacer / ejercicios aeróbicos / con ellos

   _____

6. Pablo / estar / contento / nosotros / ir / gimnasio / hoy

   _____

7. El atleta / sorprenderse de / ellos / fumar / después /correr

   _____

8. Los equipos / insistir / todos / nosotros / participar

   _____

9. ¿(Ud.) / alegrarse / yo / mantenerse / en forma?

   _____

10. Me / sorprender / tú / estar / dieta

   _____

10-20 La salud. Rewrite the following reactions to someone's state of health and fitness, substituting the expressions on the lines below for the italicized ones and making any necessary changes. The first one has been done for you.

1. *Me alegro de* que vayas al centro naturista.

   Insisto en __que vayas al centro naturista._____

   Estar contento _____

   Espero _____

2. *Creo* que adelgaces.

   Espero _____

   Me alegro de _____

   Me sorprende _____

3. *Me molesta* que fumes cigarrillos.

   Me enoja _____

   Temo _____

   Lamento _____

10-21 La vida de Luis. Complete the paragraph about Luis' career plans with the present subjunctive, present indicative or infinitive form of the verbs in parentheses.

Los padres de Luis desean que él (1) _____ (estudiar) para

(2) _____ (ser) abogado, pero él quiere (3) _____ (estudiar)

medicina. Todos los días les dice a sus padres que (4) _____ (querer) ser

médico, pero ellos prefieren que (5) _____ (ser) abogado. Prefieren la profesión

de abogado porque creen que los médicos nunca (6) _____ (tener) tiempo libre.

Esperan que su hijo (7) _____ (divertirse) y que no (8) _____

(trabajar) siempre. Luis insiste en que sus padres no (9) _____ (tener) razón pero

comprende también que ellos (10) _____ (querer) que él

(11) _____ (estar) contento. Finalmente, los padres le dicen que la decisión

(12) _____ (ser) suya y que no les molesta que (13) _____

(ir) a ser médico. Él se alegra mucho de que sus padres la (14) _____

(comprender) y que (15) _____ (respetar) su decisión.

Indirect commands

10-22 Consejos. You are a health counselor and your friend Ana is worried about her friend Pablo's health. Give her advise as to what Pablo should and shouldn't do. Use negative and affirmative indirect commands. Follow the model.

MODELO: Necesita bajar de peso.
        ▶ Que no coma grasa y que se ponga a dieta.

1. Necesita ponerse en forma.

   _____

2. Tiene la presión muy alta.

   _____

3. Tiene el colesterol muy alto.

   _____

4. Nunca se siente bien.

   _____

5. Nunca almuerza nada.

   _____

6. Bebe muchas bebidas alcohólicas.

   _____

7. Siempre tiene resfriados.

   _____

8. Siempre le duele todo el cuerpo.

   _____

10-23 En el hospital. You are the head nurse at the hospital. Give indirect orders to your employees. Follow the model.

MODELO: llenar el formulario (Ramón)
► Que Ramón llene el formulario.

1. tomarle la presión al paciente (Adela)

_____

2. hablar con el paciente (el doctor Suárez)

_____

3. llevar a operar al niño (la enfermera García)

_____

4. ponerle una inyección a don Remigio (los enfermeros)

_____

5. vigilar a los pacientes (tú)

_____

6. darle la receta al farmacéutico (Roberto y yo)

_____

7. traer al paciente al cuarto (el enfermero Díaz)

_____

8. seguir las instrucciones del médico (todos ustedes)

_____

Al fin y al cabo

10-24 Federico. Look at the drawings of Federico, and describe how he changes the advice he receives from his friends. Try to use as much vocabulary from this lesson as possible and be creative!

_____

_____

_____

_____

_____

_____

_____

_____

_____

10-25 Tu salud. Write a two-paragraph essay comparing your current state of health and fitness with how you were as a child. In the first paragraph, include the activities you participated in, how fit you were, and your feelings towards your doctor. In the second paragraph, describe your present exercise routine, how fit you are now, and your present attitude towards doctors.

_____

_____

_____

_____

_____

_____

_____

_____

_____

_____

_____

_____

_____

_____

_____

_____

_____

_____

_____

10-26 El(La) consejero(a). Read the following chart and imagine you are a dietician at a hospital. Using what you have learned in this lesson write out some advice for your patients, including recommended foods and quatities daily.

MODELO DE REPARTO DE ALIMENTOS EN UNA DIETA DE 2.700 KILOCALORIAS DIARIAS, DESTINADA A UN VARON ADULTO NORMAL DE ACTIVIDAD FISICA MODERADA (Todos los datos se refieren a peso de la porción comestible de los alimentos frescos)	
Grupo	**Cantidad por día**
1. Leche y derivados Huevos	Leche, 250 g. Huevos, media unidad Queso (contenido medio degrasa), 15 g.
2. Carnes, aves Pescado	Carne o pollo, 100 g. o pescado, 150 g. Jamón curado, 10 g.
3. Grasas y aceites	Aceite, 60 g. Mantequilla, 12 g.
4. Cereales, leguminosas, patatas, azúcar	Pan, 250 g. Arroz o pasta, 60 g. Legumbres secas, 50 g. Patatas, 250 g. Mermelada, 25 g. Azúcar, 30 g.
5. Hortalizas y verduras	Hortalizas y verduras de distintas clases, 225 g
6. Frutas	Frutas frescas, 200 g.

_____

_____

_____

_____

_____

_____

_____

_____

_____

_____

¿Para qué profesión te preparas?

PRIMERA PARTE
¡Así es la vida!

11-1 Los trabajadores. Reread the business cards on page 359 of your textbook and complete the following statements in Spanish.

1. María Cardona Gómez es _____ . Trabaja en el _____ , en la Calle 42, número _____ . Su número de teléfono es el

   _____ .

2. Raúl Jiménez Esguerra es _____ . Su oficina está en el

   _____ , en Quito, _____ .

3. La Dra. Mercedes Fernández de Robles es _____ . Su oficina está en el

   _____ , en el _____ de México.

4. Ramón Gutiérrez Sergil es _____ . La calle donde se encuentra su oficina se

   llama _____ . Trabaja en _____ , _____ .

5. La Dra. Julia R. Mercado es _____ . Su dirección es _____ ,

   Barcelona, _____ . Su número de teléfono es el _____ y el

   de su fax es el _____ .

¡ASÍ LO DECIMOS!

11-2 ¡A completar! Choose a word or expression from **¡Así lo decimos!** to complete each statement below.

1. Esa arquitecta, nos va a _____ una casa nueva.

2. Este secretario es magnífico. Puede _____ sesenta palabras por minuto sin

   error.

3. El _____ ayuda al médico en el hospital.

4. Mariluz sabe dos idiomas, ella es la _____ de su compañía.

5. La supervisora de los nuevos empleados ha preparado un buen programa de

   _____ . Ellos van a aprender mucho sobre sus responsabilidades durante esta

   semana.

6. Los vendedores no reciben un salario fijo. Ellos trabajan _____ .

7. Mi _____ es de obtener ese puesto.

8. Una de las responsabilidades del jefe es determinar el _____ de trabajo de los

   empleados.

11-3 Palabras emparentadas. What words do you remember from previous lessons that are
related to these new vocabulary words? Follow the model and write as many related words as you
can recall.

MODELO: El (la) enfermero(a)
         ► enfermo(a), la enfermedad, enfermarse

1. el (la) dentista _____

2. el (la) contador(a) _____

3. el (la) cocinero(a)_____

4. el (la) vendedor(a) _____

5. el (la) viajante _____

11-4 Combinación. Join the elements in the two columns to form ten logical sentences.

un gerente	atender a los clientes
una veterinaria	repartir las cartas
un mecánico	hacer muebles
un peluquero	reparar el coche
una carpintera	curar a mi perro
una bombera	contratar más empleados
un cartero	apagar un fuego
un vendedor	cortar el pelo

1. _____

2. _____

3. _____

4. _____

5. _____

6. _____

7. _____

8. _____

9. _____

10. _____

11-5 Los clasificados. Read the Disco Center want ad and answer the following questions in Spanish.

1. ¿Qué solicita Disco Center?

_____

2. ¿Qué requisitos deben de tener los(as) vendedores(as)?

_____

_____

3. ¿Cuáles son los documentos que tienen que traer?

_____

_____

4. ¿Qué ofrece Disco Center?

_____

5. ¿Cuál es la dirección?

_____

disco center
Solicita
VENDEDORES (AS)
Requisitos:
• Bachiller
• Buena presencia
• Mayor de 21 años
• Buenas recomendaciones interpersonales
• Deseos de trabajar en el área de ventas (tiendas de Sonido y Videos)
• Disponibilidad para trabajar en horario de tienda (9:30 a.m. a 7:30 p.m. de Lunes a Sábados)

CAJEROS (AS)
Para Tiendas
Requisitos:
• Bachiller
• Mayor de 21 años
• Disponibilidad inmediata tiempo completo
Ofrecemos:
• Atractivos Beneficios Económicos
• Excelente ambiente de trabajo
• Oportunidad de Desarrollo Profesional

Interesados favor presentarse con los siguientes documentados: I Fotografía de frente reciente, Fotocopia de la Cédula de Identidad, Constancia de trabajos anteriores y dos referencias personales por escrito, a la siguiente dirección: Centro Concresa, Piso 2, Oficina 422, Prados del Este.

STRUCTURAS

The subjunctive to express doubt or denial

11-6 Unas opiniones. María disagrees with everything Carlos says. Play the part of María and change Carlos' statements from affirmative to negative or vice-versa.

MODELO: CARLOS: Creo que el plomero es muy bueno.
          MARÍA: No creo que el plomero sea muy bueno.

1. CARLOS: Estoy seguro que ese mecánico repara bien los carros.

    MARÍA: _____

2. CARLOS: No niego que el gerente va a preparar el horario de trabajo.

    MARÍA: _____

3. CARLOS: Yo creo que él consigue esa meta.

    MARÍA: _____

4. CARLOS: No dudo que ustedes tienen ese sueldo.

    MARÍA: _____

5. CARLOS: Pienso que la directora sabe mucho.

    MARÍA: _____

6. CARLOS: No niego que los viajantes venden ese producto.

    MARÍA: _____

7. CARLOS: Estoy seguro que Chucho y Chela trabajan en esa compañía.

    MARÍA: _____

8. CARLOS: Creo que Ramiro piensa trabajar allí.

    MARÍA: _____

11-7 Tu opinión. Guillermo makes many unfounded statements. Set him straight each time he does this by using a verb or expression from the list below, making any necessary changes. Follow the model.

MODELO: Nosotros siempre nos dormimos en el trabajo.
▶ No es cierto que nosotros nos durmamos en el trabajo.

dudar	no pensar	no estar seguro(a) de
negar	no creer	no es cierto

1. A él le cae bien ese viajante.

   _____

2. Un gerente siempre dice la verdad.

   _____

3. Nosotros nos ponemos a jugar en el trabajo.

   _____

4. Hay mucho desempleo en los Estados Unidos.

   _____

5. Las vendedoras siempre trabajan a comisión.

   _____

6. Pedro Manual es el mejor empleado de nuestra compañía.

   _____

7. Esa intérprete sabe español.

   _____

8. Todos nosotros siempre leemos el horario de trabajo.

   _____

9. Los psicólogos ayudan a sus pacientes.

   _____

10. El arquitecto diseña carros.

   _____

11-8 Preguntas personales. Your opinion always counts. Answer the following questions with complete sentences in Spanish.

1. ¿Piensas que hay mucho desempleo en los Estados Unidos?

   _____

   _____

2. ¿Crees que es importante ser bilingüe para conseguir un puesto? Explica.

   _____

   _____

3. Es cierto que una persona siempre debe de tener una meta. ¿Por qué sí o por qué no?

   _____

   _____

4. ¿Piensas que ser médico es muy difícil? Explica

   _____

   _____

5. ¿Crees que los abogados siempre dicen la verdad? Da tu opinión.

   _____

   _____

6. ¿Piensas que es necesario saber de informática para conseguir un buen empleo hoy? ¿Por qué sí o por qué no?

   _____

   _____

The *nosotros* command form

11-9 En el campamento. You are the commanding officer at a boot camp. Here is what you tell your recruits. Complete each statement with the **nosotros** command of the verb in parentheses.

MODELO: _____ a las cinco. (Levantarse)
     ► Levantémonos a las cinco.

1. _____ los dientes a las cinco y cuarto. (Cepillarse)

2. _____ a las cinco y media. (Ducharse)

3. _____ a las seis. (Peinarse)

4. _____ a las seis y cinco. (Vestirse)

5. _____ a las seis y cuarto. (Desayunarse)

6. _____ los zapatos a las seis y media. (Limpiarse)

7. _____ del edificio a las siete. (Irse)

8. _____ en atención a las siete y media. (Ponerse)

11-10 En la oficina. Your new colleague in the sports department of the newspaper where you work is always asking your opinion about what task you should both do next. Answer your colleague's questions, following the model.

MODELO: ¿Empezamos a trabajar?
     ► Sí, empecemos a trabajar ahora.

1. ¿Nos preparamos para ir al estadio?

_____

2. ¿Vamos al partido de béisbol?

_____

3. ¿Escribimos el artículo?

_____

4. ¿Nos acordamos de los nombres de los jugadores ahora?

_____

5. ¿Comemos mientras escribimos?

_____

6. ¿Sacamos fotos de la estrella del partido?

   _____

7. ¿Les hacemos preguntas a algunos de los aficionados?

   _____

8. ¿Nos divertimos durante el partido también?

   _____

11-11 En la agencia. You are an intern in an advertising agency and you ask two co-workers for advice. One agrees with you and the other doesn't. Use the **nosotros** command and object pronouns where appropriate. Follow the model.

MODELO: preparar el horario de trabajo
     ▶   TÚ: ¿Preparamos el horario de trabajo?
          # 1: Sí, preparémoslo.
          # 2: No, no lo preparemos.

1. escribir el anuncio

   TÚ: _____

   # 1: _____

   # 2: _____

2. hablar con la jefa

   TÚ: _____

   # 1: _____

   # 2: _____

3. conseguir más anuncios

   TÚ: _____

   # 1: _____

   # 2: _____

4. pedir la información a la supervisora

   TÚ: _____

   # 1: _____

   # 2: _____

5. diseñar la información

   TÚ: _____

   # 1: _____

   # 2: _____

6. leer la lista de clientes

   TÚ: _____

   # 1: _____

   # 2: _____

7. repetir los anuncios viejos

   TÚ: _____

   # 1: _____

   # 2: _____

8. pagar las cuentas

   TÚ: _____

   # 1: _____

   # 2: _____

S E G U N D A   P A R T E
¡Así es la vida!

11-12 En busca de empleo. Reread the letter and interview on page 369 of your textbook and answer the following questions with complete sentences in Spanish.

1. ¿Quién es Isabel Pastrana Ayala?

   _____

2. ¿Por qué lee ella los avisos clasificados?

   _____

3. ¿Qué calificaciones tiene Isabel para el puesto?

_____

4. ¿Cómo se considera ella?

_____

5. ¿Qué incluye ella con su carta de presentación?

_____

6. ¿Quién es el Sr. Posada?

_____

7. ¿Por qué quiere trabajar Isabel para esta empresa?

_____

8. ¿Qué pregunta le hace Isabel al señor Posada?

_____

9. ¿Consiguió Isabel el puesto? ¿Por qué?

_____

¡ASÍ LO DECIMOS!

11-13 La carta de presentación. Complete the letter below with words and expressions from the following list.

honrado	currículum vitae	experiencia práctica	Estimada
recomendación	calificaciones	la solicitud de empleo	capaz
referencia	el puesto	La saludo atentamente	

(1) _____ señora:

Le escribo esta carta para presentarme y para solicitar (2) _____ de contador

que se anunció en El Mundo. Yo tengo mucha (3) _____ y mis

(4) _____ son numerosas, como Ud. puede ver en el

(5) _____ que adjunto. He incluido tres cartas de

(6) _____ y (7) _____ que me envió su secretaria.

También incluyo los nombres de tres personas que sirven de (8) _____ .

Espero tener la oportunidad de entrevistarme con Ud. Soy una persona muy

(9) _____ y (10) _____ _____ .

Esperando su respuesta a la presente,

(11) _____ , Rodrigo Rodríguez

11-14 ¿Qué haces? Tell what do you do in the following situations. Write complete sentences in Spanish and follow the model.

MODELO: Tu jefe no te da un aumento de sueldo.
► Busco otro puesto.

1. Tienes una entrevista muy importante.

_____

2. Recibes una mala evaluación de tu supervisor.

_____

3. Tu jefe no te quiere ascender.

_____

4. Tu mejor amiga recibió el puesto que tu querías.

_____

5. Recibiste una bonificación anual muy grande.

_____

6. Tu jefa despide a tu mejor amigo.

_____

7. No recibiste el aumento que esperabas.

_____

8. La empresa te va a enviar a un país hispano.

_____

 **STRUCTURAS**

The subjunctive with impersonal expressions

11-15 El(la) jéfe(a) de personal. You are the personnel director of a large firm and you are describing how job candidates and your staff should conduct themselves during the hiring process. Fill in the blanks with the correct form of the verbs in parentheses.

1. No es malo _____ los clasificados. (leer)

2. Es necesario que tú _____ una solicitud de empleo. (llenar)

3. Es indispensable que tú _____ tres referencias. (conseguir)

4. Es importante que ustedes _____ algo sobre la empresa. (saber)

5. Es mejor que los aspirantes le _____ a la supervisora antes de la

   entrevista. (escribir)

6. Siempre es bueno que usted _____ al gerente. (conocer)

7. Es urgente que ustedes _____ siempre puntuales. (ser)

8. Es preciso que yo les _____ muchas preguntas a todos los aspirantes.

   (hacer)

9. Es bueno que en la entrevista ustedes siempre _____ la verdad. (decir)

10. Es importante que nosotros _____ claramente en la entrevista. (hablar)

11-16 El despido de Miguel. The company is about to fire Miguel. His friend, Ricardo, wants to help him but his other friend, José, is reluctant. Find out what happens by completing the dialog with the correct form of the verbs in parentheses.

RICARDO: Oíste lo que le _____ a Miguel Griffin?. (pasar)

JOSÉ: No, ¿qué es lo que le _____? (ocurrir)

RICARDO: Es seguro que la empresa lo _____ hoy. (despedir)

JOSÉ: Bueno, pero es verdad que Miguel _____ muy perezoso y muy

   arrogante. (ser)

RICARDO: Es increíble que tú _____ eso de Miguel. (decir)

JOSÉ: ¡Cómo es posible que tú _____ tan tonto! (ser)

RICARDO: Mira, es mejor que nosotros _____ a la supervisora. (llamar)

JOSÉ: Sí, pero es probable que ella no nos _____ . (escuchar)

RICARDO: Entonces, es indispensable que tú y _____ con el gerente. Tú

lo _____ a él y _____

_____ su amigo. (hablar/conocer/ser)

JOSÉ: Sí, pero es posible que él _____ de vacaciones. (estar)

RICARDO: Es evidente que tú _____ un mal amigo y no

_____ ayudar a Miguel. (ser/querer)

JOSÉ: Es una lástima que tú _____ tan mal de mí. (hablar)

RICARDO: Mira, es mejor que tú no _____ esas cosas. (decir)

JOSÉ: Bueno, es obvio que tú y yo _____ muchas diferencias. ¡Hasta

luego! (tener)

11-17 Entrevista. You are the president of an important corporation and you are being interviewed by a group of students. Answer their questions with complete sentences in Spanish.

1. ¿Qué es importante para conseguir un buen puesto?

_____

2. ¿Qué es indispensable en su compañía?

_____

3. ¿Qué es necesario para ser un buen gerente?

_____

4. ¿Qué es evidente en un buen empleado?

_____

5. ¿Es cierto que las personas bilingües están mejor preparadas?

_____

The subjunctive with indefinite or nonexistent antecedents

11-18 ¡A cambiar! Rewrite the following sentences using the subjunctive to describe an indefinite person or object. Follow the model.

MODELO: Quiero contratar al empleado que sabe inglés.
    ► Quiero contratar a un empleado que sepa inglés.

1. Queremos al gerente que nos cae bien.

   _____

2. ¿Conoces al aspirante que tiene buenas referencias?

   _____

3. Necesito buscar a la coordinadora que es mexicana.

   _____

4. Buscamos a la supervisora que consigue los puestos.

   _____

5. Queremos ascender a la secretaria que tiene experiencia práctica.

   _____

6. Busco a la jefa que puede escribir un contrato.

   _____

7. Hay alguien en la empresa que yo conozco.

   _____

8. Yo veo la vacante que me gusta.

   _____

11-19 Situaciones. Complete the following statements about employers and employees with the subjunctive or indicative form of the verbs in parentheses.

1. Tengo un empleado que _____ español pero necesitamos una empleada

   que _____ español e inglés. (hablar/hablar)

2. Conozco a un supervisor que _____ mucho, pero quiero un supervisor

   que _____ hacer más. (trabajar/poder)

3. No hay ningún aspirante que _____ buenas calificaciones. Hay muchos

   que no _____ muy bueno. (tener/ser)

4. Hay muchos jefes que _____ entusiastas. Buscamos una jefa que

   _____ ser entusiasta. (parecer/querer)

5. Éste es el director que _____ el sueldo. Queremos un director que

   también _____ a los empleados. (aumentar/ascender)

6. Conozco a un gerente que _____ a los empleados. Buscamos un

   gerente que no _____ eso. (despedir/hacer)

7. —¿Hay alguien que _____ al puesto? (renunciar)

   — No, no hay nadie aquí que _____ hacerlo. (poder)

8. —¿Conoces a una supervisora que _____ justa con los empleados? (ser)

   — No, no conozco a ninguna supervisora que _____ justa con ellas.

   (ser)

9. Conozco a una jefa que _____ empleados bilingües. ¿Hay otros jefes

   que _____ empleados bilingües? (preferir/solicitar)

10. Necesitamos un gerente que _____ los problemas de la compañía. No

    hay nadie aquí que _____ hacerlo. (resolver/conseguir)

11-20 Los gerentes. Rewrite the following paragraph about a company's search for qualified employees using the appropriate form of the verbs in parentheses.

Nosotros somos gerentes de una compañía. Buscamos un empleado que (ser) honesto, que (tener) buenas referencias y que (poder) comenzar a trabajar inmediatamente. ¿Sabes dónde hay una persona que (tener) estas calificaciones y que (querer) trabajar con nuestra compañía?

_____

_____

_____

_____

_____

_____

_____

11-21 Buscando personal. You work for a personnel director, and you need to fill some positions in your company. Write ads using the information given. Follow the model.

MODELO: buscar secretaria — hablar español e inglés, saber escribir bien, ser simpática
► Se busca una secretaria que hable español e inglés, que sepa escribir bien y que sea simpática.

1. necesitar artista — poder ilustrar folletos, crear anuncios, diseñar carteles (*design posters*)

_____

_____

2. buscar gerente — ser bilingüe, tener contactos con los clientes, llevarse (*get along*) bien con los otros

_____

_____

3. solicitar secretaria de prensa — hablar bien en público, ser inteligente, trabajar bien con muchas personas

_____

_____

4. necesitar viajantes — poder viajar mucho, creer en la compañía, querer mejorar las ventas

_____

_____

5. buscar recepcionista — manejar la oficina, ayudar al jefe de personal, saludar a los visitantes

_____

_____

The subjunctive with *ojalá*, *tal vez* and *quizás*

11-22 La situación en la empresa. Use the words below in the order given to make statements about the situation in a certain company. Be sure to make any necessary changes and add any needed words.

MODELO: Ojalá/gerente/contratar/más empleados
► ¡Ojalá que el gerente contrate más empleados!

1. Tal vez/compañía/aumentar/los sueldos

_____

2. Quizás/jefa/ir/ser/bueno

   _____

3. Tal vez/gerente/resolver/mucho/problemas

   _____

4. Ojalá/recomendaciones/ser/positivo

   _____

5. Quizás/coordinadora/llegar/temprano

   _____

6. Tal vez/aspirante/aceptar/el puesto

   _____

7. Quizás/gerente/conocer/el supervisor

   _____

8. Ojalá/todos/empleados/estar/contento

   _____

9. Quizás/aspirante/venir a la cita

   _____

10. Ojalá/empresa/más honesto/empleados/ser

    _____

11-23 ¿Qué esperas tú? Write six things you hope will occur in your job. Begin your sentences with **ojalá.**

MODELO: ► ¡Ojalá que me aumenten el sueldo!

1. _____
2. _____
3. _____
4. _____
5. _____
6. _____

Al fin y al cabo

11-24 Un clasificado. Using what you have learned in this lesson write a classified ad to place in *Segundamano*. Don't forget to check off the classified section in which your ad should run.

```
┌─────────────────────────────────────────────────────────────┐
│                     SEGUNDAMANO                               │
│  ╭────╮                                                       │
│  │FAPIA│   Escriba en letras claras y mayúsculas. Un cupón    │
│  ╰────╯   por anuncio. No se admiten fotocopias. Escriba en   │
│           inglés o en el idioma del país donde quiere         │
│           publicar su anuncio.                                │
│   FREE ADS PAPER   Incluya su nombre, apellidos, dirección    │
│   INTERNATIONAL    completa con código postal al final del    │
│   ASSOCIATION      texto para recibir su Correo Internacional.│
│                    Máximo 25 palabras.                        │
│                                                               │
│   CLASIFIQUE SU ANUNCIO (Una sóla casilla)                    │
│     ○ 10 VIAJES            ○ 20 TRABAJO                        │
│     ○ 30 PEN-PALS (correo) ○ 40 RELACIONES                    │
│     ○ 50 INMOBILIARIA      ○ 60 MOTOR                          │
│     ○ 70 COLECCIONISMO     ○ 80 MISCELÁNEO                     │
│                                                               │
│   TEXTO:_____              │
│   _____              │
│   _____              │
│   _____              │
│   _____              │
│                                                               │
│         Enviar a: SEGUNDAMANO (F.A.P.I.A.)                    │
│         Avda. Universidades nº 3-48007 BILBAO                 │
└─────────────────────────────────────────────────────────────┘
```

11-25 Una carta de solicitud de empleo. You have just read the classified ad and found a job you'd like. Write a letter inquiring about it. Be sure to include your qualifications and possible references.

Estimado(a) señor(a):

_____

_____

_____

_____

_____

_____

Atentamente,

11-26 Una recomendación. Write a letter to a supervisor recommending or rejecting a candidate. Include a description of the candidate's qualifications (or lack of them), character, and job performance and provide specific information justifying your recommendation.

Estimado(a) señor(a):

_____

_____

_____

_____

_____

_____

_____

_____

_____

_____

_____

_____

_____

_____

Atentamente,

¿Me puede decir...?

PRIMERA PARTE

¡Así es la vida!

12-1 En Madrid. Reread the conversations on page 393 of your textbook and answer the questions with complete sentences in Spanish.

1. ¿Quiénes son Peggy y Terry McGuire?

_____

2. ¿Por qué hablan ellas con el conserje de su hotel?

_____

3. ¿Está el banco cerca o lejos del hotel?

_____

4. ¿Cómo se llega al banco desde el hotel?

_____

_____

_____

5. ¿A cómo está el cambio hoy?

_____

6. ¿Qué necesita el cajero antes de darle dinero a Terry?

_____

7. ¿Qué tiene que hacer Terry antes de recibir sus pesetas?

_____

8. ¿Qué más necesita Peggy? ¿Adónde va?

_____

¡ASÍ LO DECIMOS!

12-2 Una carta. Label the numbered areas on the envelope illustrated below.

1. _____

2. _____

3. _____

4. _____

5. _____

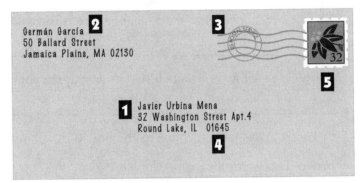

12-3 ¡A completar! Complete the following statements with words or expressions from **¡Así lo decimos!**

1. La _____ trabaja en un banco.

2. Hay que ir a la _____ para cobrar un cheque.

3. Voy al banco para depositar dinero en mi _____ y en mi

   _____ .

4. Se recomiendan _____ cuando se viaja en vez de cheques personales.

5. Cuando cambias dinero, el cajero siempre te da un _____ .

6. Para no gastar demasiado dinero cuando haces un viaje, hay que planear el

   _____ antes de salir.

7. Si quieres enviarle una carta a alguien, hay que _____ la carta en el

   _____ .

8. Antes de cobrar un cheque, es necesario _____ lo.

9. Si quiere que una carta llegue rápido, hay que enviarla _____

   _____ .

10. En España, es posible comprar sellos en un _____ .

12-4 Conversaciones. How would you communicate in the following situations? Write complete sentences in Spanish.

1. You want to say that the bank is two blocks from the post office.

   _____

2. You want to know what the exchange rate is today.

   _____

3. You want to know how much stamps cost at the kiosk.

   _____

4. A passserby asks for directions to the post office. You tell her to continue straight ahead to the corner. The post office is on the left.

   _____

   _____

5. Someone comes up to you in the bank and asks where he can cash a check. You tell him he can cash his check at the cashier's window, where the cashier will give him a receipt.

   _____

   _____

 **STRUCTURAS**

The present perfect tense

12-5 ¿Qué han hecho estas personas? Answer the questions below following the model. Use object pronouns where appropriate.

MODELO: ¿Has ido al banco?
   ► Sí, he ido al banco.

1. ¿Has firmado los cheques?

   _____

2. ¿Han cambiado las pesetas nuestros amigos?

   _____

3. ¿Ha cobrado el cheque de viajero Marilú?

   _____

4. ¿Has abierto la cuenta de ahorros?

_____

5. ¿Han planeado Uds. el presupuesto?

_____

6. ¿Le has enviado el cheque al agente de viajes?

_____

12-6 Hay muchas cosas que hacer. Tell what the following people have already done today. Use the subjects given and the present perfect of the indicated verbs. Follow the model.

MODELO: Francisco / ir al correo
   ► Francisco ha ido al correo.

1. Nosotros / enviarle la tarjeta postal a la familia

_____

2. Fernando / comprar sellos

_____

3. Yo / escribir la dirección del destinatario

_____

4. Felipe / poner el sello en el sobre

_____

5. Mis amigos / ir al correo

_____

6. Yo / ver al cajero en el banco

_____

7. ¿Tú / hacer los quehaceres?

_____

8. Nosotros / volver del banco

_____

Past participles used as adjectives

12-7 En el banco. Your boss is telling you that the following things need to be done. Respond following the model.

MODELO: Tiene que abrirle la cuenta de ahorros al cliente.
► Se la he abierto. Ya está abierta la cuenta.

1. Tiene que darle el cambio al Sr. Gómez.

   _____

2. Tiene que escribirle el recibo al cliente.

   _____

3. Tiene que descubrirme el error en la cuenta.

   _____

4. Tiene que endosarles el cheque a los clientes.

   _____

5. Tiene que cambiarme el dinero.

   _____

12-8 Actividades. Complete the paragraph with the past participle of the verb in parentheses. Make agreement changes when necessary.

Esta mañana la agencia de viajes está (1) _____ (abrir). Fui allí porque mi viaje

está (2) _____ (planear). Mi cuenta de ahorros está (3) _____

(cerrar), mis cheques de viajero están (4) _____ (comprar) y mi presupuesto está

(5) _____ (hacer). Esta mañana cuando fui a la agencia vi que los precios de los

vuelos están (6) _____ (rebajar) y que los agentes están

(7) _____ (preparar) para darnos una rebaja. Las reservaciones en el hotel ya

están (8) _____ (hacer) y la lista de atracciones turísticas también está

(9) _____ (escribir). Finalmente, todo está (10) _____

(hacer). Voy a salir el 3 de junio.

SEGUNDA PARTE
¡Así es la vida!

12-9 Un hotel de categoría. Referring to the ad on page 405 of your textbook. Answer the following questions about the Hotel Ríogrande with complete sentences in Spanish.

1. ¿Cuántas habitaciones tiene el hotel y qué amenidades ofrece?

_____

_____

_____

2. ¿Qué facilidades ofrece el hotel a las compañías que se reúnen allí?

_____

_____

_____

3. ¿Qué diversiones ofrece el hotel?

_____

_____

_____

4. ¿Qué otros servicios ofrece el hotel?

_____

_____

_____

¡ASÍ LO DECIMOS!

12-10 Muchas quejas. The guests in a hotel are not happy with the facilities. Complete each complaint with a word or expression from **¡Así lo decimos!**

1. Hace mucho calor en este cuarto. Obviamente el _____ no funciona.

2. Señor, nuestra _____ no está hecha. No tenemos ni

_____ ni _____ . ¿Cómo se puede dormir?

3. No puedo abrir la puerta de mi habitación. ¿Me dio Ud. la _____

_____ correcta?

4. No hay _____ en el cuarto de baño.

5. Hace mucho frío en la habitación. ¿Puede Ud. traernos otras dos _____ para

la cama?

6. El _____ no nos ha traído las maletas todavía. ¿Dónde está?

7. Estamos en el décimo piso y queremos bajar pero el _____ no funciona.

8. ¿Hay otra habitación _____ ? La gente en la próxima habitación hace

mucho ruido y no se puede dormir.

9. El inodoro en nuestra habitación no funciona. _____

_____ .

12-11 En el hotel. Write ten logical statements about hotel facilities (good or bad) using one word from the left column and one word or expression from the right column. Use each word or expression at least once.

el recepcionista	el agua caliente
el lavabo	direcciones para el correo
el huésped	el registro
el botones	las sábanas
la camarera	el casillero
la carta	un hotel lujoso
el conserje	la recepción
el inodoro	el ascensor estar descompuesto
quejarse	el equipaje
el salón de convenciones	el baño

1. _____

2. _____

3. _____

4. _____

5. _____

6. _____

7. _____

Nombre: _____   Fecha: _____

8. _____

9. _____

10. _____

12-12 Descripciones. Complete each statement below with the most logical adjective. Make sure each adjective agrees with the noun it modifies. Use each adjective only once.

roto	descompuesto	limpio
sencillo	doble	disponible
lleno	cómodo	sucio
lujoso		

1. Camarera, el baño de mi habitación está _____. ¿Puede Ud. limpiarlo?

2. Mi esposo y yo queremos una habitación _____.

3. ¿Cómo? ¿El parador está _____? ¿Dónde puedo quedarme?

4. Señor, el televisor no funciona. Está _____.

5. Este hotel es muy elegante y _____. Por eso, cuesta tanto.

6. No hay muchos huéspedes en esta temporada. Por eso, tenemos varias habitaciones _____. ¿Cuál prefiere Ud.?

7. Viajo solo. Necesito una habitación _____.

8. La cama es muy _____. No voy a tener problemas en dormir.

9. La camarera acaba de ordenar nuestro cuarto. Todo está _____.

10. Las luces no funcionan en mi habitación. Están _____.

STRUCTURAS

Possessive adjectives and pronouns (long forms)

12-13 ¿Dónde está(n)? No one can find any of the objects mentioned below. Answer the questions following the model.

MODELO: ¿Dónde está tu habitación?
► ¿La mía? No sé.

1. ¿Dónde está la llave de Federico?

_____

2. ¿Dónde están tus maletas?

_____

3. ¿Dónde está mi almohada?

_____

4. ¿Dónde están los pasaportes de Uds.?

_____

5. ¿Dónde están tus mantas?

_____

6. ¿Dónde está nuestro hotel?

_____

7. ¿Dónde está el equipaje del Sr. Gómez?

_____

8. ¿Dónde están las habitaciones de Ana y Pamela?

_____

12-14 ¿De quién es? Answer Ramón's questions using the cues in parentheses and following the model.

MODELO: ¿Es tu cama? (ella)
► No, no es mía; es suya.

1. ¿Es tu llave? (Eduardo)

_____

2. ¿Son mis sellos? (nosotros)

_____

3. ¿Son los sobres de Uds.? (Uds.)

_____

4. ¿Es mi carta? (yo)

_____

5. ¿Es la habitación de Graciela? (tú)

_____

6. ¿Son nuestros cheques? (nuestros amigos)

_____

7. ¿Son mis billetes? (yo)

_____

8. ¿Es tu código postal? (él)

_____

12-15 Demasiada repetición. Rewrite the statements below using the possessive pronouns. Follow the model.

MODELO: Mi llave y tu llave están aquí.
► La mía y la tuya están aquí.

1. Nuestra carta y las cartas de Rafael están en el buzón.

_____

2. ¿Dónde están mis cheques y los cheques de Susana?

_____

3. Busco la habitación de mis padres y nuestra habitación.

_____

4. Necesito pagar mi cuenta y la cuenta de mis amigos.

_____

5. Quiero hablar con nuestro conserje y con el conserje de su hotel.

_____

The pluperfect tense

12-16 Nunca antes. Write negative statements telling what these people had never done before their last vacations. Be sure to add any needed words. Follow the model.

MODELO: Andrés / comprar / cheques de viajero
    ► Andrés nunca había comprado cheques de viajero.

1. Marisol / pasar tiempo / isla

_____

2. Nosotros / pedir / servicio / restaurante / habitación

_____

3. Mi / padres / quedarse / hotel / lujo

_____

4. Tara / quejarse / condición / habitación

_____

5. Yo / perder / llave / habitación

_____

6. ¿Tú / ver / albergue / estudiantil / tan / limpio?

_____

7. Mi / amigos / hacer / cama / antes / quedarse / hostal

_____

8. Nosotros / poner / aire acondicionado / primavera

_____

12-17 ¿Qué pasó? Write complete sentences in the past using the words provided to describe the problems these people had. Use the preterite in the first half of each sentence. Add any necessary words, make any needed changes and follow the model.

MODELO: cuando / nosotros / recibir / carta, // ellos / ya / irse / México
► Cuando nosotros recibimos la carta, ellos ya se habían ido a México.

1. Cuando / yo / llegar / hotel, // mi / amigos / ya / salir

   _____

2. Cuando / maletas / suyo / llegar, // Federico / ya / ir / otro / hotel

   _____

3. Cuando / (ellos) / escribir / a nosotros, // su / hijos / ya / visitar / a nosotros

   _____

4. Cuando / nosotros / hacer / este / reservaciones, // quedarse / nunca / hotel / lujoso

   _____

5. Cuando / tú / empezar / buscar / llave, // yo / ya / la / encontrar

   _____

6. Mario / ir / banco, // pero / Carlos / ya / cobrar / cheques / suyo

   _____

7. Cuando / yo / saber / noticias, // mi / amigos / ya / hablar / presidente / banco

   _____

8. Cuando / nosotros / volver, // camarera / ya / limpiar / habitación

   _____

The passive voice

12-18 ¡A cambiar! Rewrite each statement in the passive voice, expressing the agent. Follow the model.

MODELO: La camarera limpió la habitación.
► La habitación fue limpiada por la camarera.

1. El conserje abrió las puertas del hotel.

   _____

2. El botones llevó las maletas a la habitación.

   _____

3. Los turistas hicieron las reservaciones.

_____

4. El huésped pagó la cuenta.

_____

5. El carpintero hizo la mesa del hotel.

_____

6. Esa arquitecta diseñó el hotel.

_____

7. Yo puse el reloj en la caja de seguridad.

_____

8. Los huéspedes firmaron el registro.

_____

12-19 ¿Quién hizo qué? Alfredo wants to know who took care of the following tasks. Answer the questions according to the model.

MODELO: ¿Se cerraron los bancos? (el presidente)
     ► Sí, los bancos fueron cerrados por el presidente.

1. ¿Se cobraron los cheques? (la cajera)

_____

2. ¿Se compraron los sellos? (Alicia)

_____

3. ¿Se cambió el dinero? (Andrés)

_____

4. ¿Se echaron las cartas? (Alicia)

_____

5. ¿Se abrió la cuenta? (Alicia)

_____

6. ¿Se firmaron los cheques de viajero? (Andrés)

_____

SÍNTESIS
Al fin y al cabo

12-20 Una queja. Write a letter of complaint to the hotel in which you recently stayed. In the first paragraph, give the dates and length of your stay, where you are from and why you were staying at the hotel. In the second paragraph, list all the problems you had there (no hot water, TV didn't work, etc). In the third paragraph, request that the hotel reimburse you for your horrible weekend and state that you hope conditions will improve in the future. Use your imagination.

Estimados señores:

_____

_____

_____

_____

_____

_____

_____

_____

_____

_____

_____

_____

_____

_____

_____

_____

_____

12-21 Un folleto para el Hotel Excelsior. You have just been hired to swrite a new brochure promoting the Hotel Excelsior. In your ad, include the type of accommodations available, the hotel services, and some phrases describing what people can do there, while on business or vacation.

_____

_____

_____

_____

_____

_____

_____

_____

_____

_____

_____

_____

_____

_____

_____

_____

_____

_____

_____

PRIMERA PARTE

¡Así es la vida!

13-1 El editorial. Reread the article on page 427 of your textbook and indicate whether the following statements are **C** (**cierto**) or **F** (**falso**). If a statement is false, cross out the incorrect information and write the correction above it.

1. El editorial fue escrito en un periódico mexicano.   C   F

2. El periódico se llama *El Universal*.   C   F

3. El tema del editorial es el de las mujeres indocumentadas.   C   F

4. Los indocumentados sufren abusos.   C   F

5. Las mujeres indocumentadas no tienen protección legal.   C   F

6. La Asociación de Mujeres Electas de California patrocinó la audiencia.   C   F

7. Las mujeres indocumentadas no tienen problemas con el inglés.   C   F

8. Las mujeres indocumentadas no son explotadas.   C   F

9. Las mujeres indocumentadas no denuncian los atropellos porque tienen miedo de ser deportadas.   C   F

10. Según el editorial, los legisladores latinos no deben de hacer nada en defensa de la mujer indocumentada.   C   F

¡ASÍ LO DECIMOS!

13-2 Los medios de comunicación. Write ten logical statements about television and newspapers using one word from the left column and one word from the right. Use each word at least once.

el anfitrión	la crónica
la reportera	la reseña
el meteorólogo	el periódico
el crítico	la televisión
la comentarista	el concurso
el patrocinador	el noticiero
el artista	las tiras cómicas
el lector	el locutor
el titular	la primera plana
el televidente	el tiempo

1. _____

2. _____

3. _____

4. _____

5. _____

6. _____

7. _____

8. _____

9. _____

10. _____

13-3 Las secciones del periódico. Write the name of the newspaper section you would turn to in these situations.

1. Buscas un trabajo. _____

2. Buscas el resultado del partido de béisbol. _____

3. Tienes problemas con tu novio. _____

4. Quieres ir al cine o al teatro. _____

5. Deseas saber tu futuro. _____

6. Necesitas saber la fecha del funeral de un amigo. _____

7. Quieres saber quiénes se casan. _____

8. Deseas saber la opinión del editor. _____

13-4 ¡A escoger! Circle the word that most logically fits in each sentence.

1. A un (televidente, radioyente) le gusta escuchar la radio.

2. Para enterarse de los acontecimientos del día, se lee (una reseña, la primera plana).

3. Mi (cadena, emisora) favorita es WKGB.

4. Un (comentarista, lector) da las noticias a las siete de la noche.

5. La (emisora, telenovela) transmite sus programas todos los días.

6. El periodista (informa sobre, patrocina) las noticias del día.

7. (La cadena, El canal) selecciona los programas.

8. La (patrocinadora, crítica) del certamen paga los gastos del programa.

9. Tengo (una televisión, un televisor) grande en mi casa.

10. Voy a leer (el editorial, la editorial) esta tarde.

ESTRUCTURAS

The future tense and the future of probability

13-5 La Verdad. You are the editor of *La Verdad*, the country's leading newspaper and you are preparing today's edition. Here is what everyone is going to do. Rewrite the following sentences using the future tense. Follow the model.

MODELO: Pepe va a escribir el editorial.
► Pepe escribirá el editorial.

1. Rosalía va a diseñar las tiras cómicas.

_____

2. Manuel va a preparar la sección financiera.

_____

3. Amparo va a hacer el consultorio sentimental.

_____

4. Juana y Virginia van a poner los titulares.

_____

5. Petra y yo vamos a tomar las fotos de la crónica social.

_____

6. Antonio, tú vas a salir a entrevistar personas.

_____

7. Aurelia y Santiago, ustedes van a revisar la esquela.

_____

8. Yo voy a terminar ese artículo.

_____

9. Bernardo y Juan van a decir la verdad en el consultorio sentimental.

_____

10. Todos nosotros vamos a quedarnos hasta las seis en la oficina.

_____

13-6 Una visita al canal de televisión. You are going to visit a local TV channel with some coworkers. Find out what each person has in mind by filling in each blank with the correct form of the future of each verb in parentheses.

1. Joaquín _____ el concurso. (ver)

2. Juan Enrique _____ con el comentarista. (hablar)

3. Mario y yo le _____ preguntas a la locutora. (hacer)

4. Tú _____ en una telenovela. (actuar)

5. Yo _____ las noticias en el noticiero. (dar)

6. Nuestros amigos _____ los comentarios. (decir)

7. Alberto y tú _____ hablar con la anfitriona. (querer)

8. María Amalia _____ en el certamen. (participar)

9. Ustedes _____ los acontecimientos. (analizar)

10. Todos nosotros _____ como preparar un noticiero. (saber)

13-7 Mi amiga y yo. Rewrite the following paragraph about two journalism students in the future tense.

Mi amiga Gertrudis y yo asistimos a la universidad. Gertrudis toma cursos de radio y televisión. Yo solamente voy a las clases de periodismo. Ella aprende a ser locutora. Yo quiero ser periodista. Gertrudis y sus otras amigas van a las clases por el día. Yo tengo que ir por la noche. Nosotros nos divertimos mucho en la universidad. ¿Qué estudias en la universidad?

_____

_____

_____

_____

_____

_____

_____

_____

13-8 "Corazón contento." You and your friends are guessing what's going to happen in the next episode of "**Corazón contento**," your favorite soap opera. Answer the following questions. Be as creative as possible.

1. ¿Quién será el nuevo novio de Corazón?

_____

2. ¿Cómo será él?

_____

3. ¿De dónde vendrá?

_____

4. ¿Qué hará Corazón con su antiguo novio?

_____

5. ¿Qué harán Corazón y su nuevo novio?

_____

6. ¿Cómo será el próximo episodio?

_____

The future perfect

13-9 El gerente del canal. The TV channel's general manager is a very demanding person. Here is what he expects everyone to have done by a certain time. Use the future perfect form of the verbs in parentheses.

1. El comentarista _____ al presidente a las ocho. (entrevistar)

2. La anfitriona _____ a la estrella de cine a su programa a las nueve. (traer)

3. Los críticos _____ sus reseñas de las películas a las once. (hacer)

4. Tú _____ los acontecimientos a la una. (comentar)

5. La telenovela _____ al aire a las dos. (salir)

6. Los locutores _____ la oportunidad de dar los anuncios. (tener)

7. El meteorólogo _____ su informe a las seis y cuarto. (terminar)

8. Los patrocinadores _____ los anuncios a las doce. (poner)

9. Los televidentes _____ las películas a las nueve. (ver)

10. Todos nosotros _____ a casa a las tres de la mañana. (ir)

13-10 El detective. Chanlipó is one of the best detectives in the world. He is now being interviewed by señorita Sabelotodo, one of *La Verdad's* reporters. Complete the following exchange with the correct future perfect form of each verb in parentheses.

SRTA. SABELOTODO: Chanlipó, ¿quiénes (1) _____ el crimen? (cometer)

CHANLIPÓ: (2) _____ Tacho y Nacho Malosos. (ser)

SRTA. SABELOTODO: ¿Por qué lo (3) _____? (hacer)

CHANLIPÓ: (4) _____ robarse el dinero. (querer)

SRTA. SABELOTODO: ¿A qué hora (5) _____ el crimen? (cometerse)

CHANLIPÓ: (6) _____ a la una. (ser)

SRTA. SABELOTODO: ¿Adónde (7) _____ ellos? (ir)

CHANLIPÓ: (8) _____ a Mongolia. (escaparse)

SRTA. SABELOTODO: ¿Qué les (9) _____? (pasar)

CHANLIPÓ: Mis agentes ya los (10) _____ . (capturar)

Double object pronouns

13-11 Los medios de comunicación. Rewrite the following sentences, changing the italicized direct-object nouns to pronouns. Follow the model.

MODELO: Les diré *las noticias* a los radioyentes.
     ► Se las diré.

1. Le enseño *las tiras cómicas* al niño.

    _____

2. Les conseguí *el periódico* a mis abuelos.

    _____

3. El reportero nos pide *la información.*

    _____

4. Yo le muestro *dos editoriales* a mi profesor.

    _____

5. Yo les escribo *los anuncios* al patrocinador.

    _____

6. Nosotros te llevamos *esas revistas* a ti.

    _____

7. Le leo *la esquela* a mi abuela.

    _____

8. Les transmitimos *el programa* a ellos.

    _____

9. Ellos nos revisan *los titulares* a nosotros.

    _____

10. Tú me traes *la revista y el artículo* a mí.

    _____

13-12 En el periódico. Rewrite each statement in the present progressive in two different ways. Replace the italicized words with the appropriate object pronouns. Follow the model.

MODELO: El director *nos da la instrucciones.*
    ► El director está dándonoslas.
    ► El director nos las está dando.

1. El comentarista me pide *la sección deportiva a mí.*

2. Ellos le muestran *la crónica al reportero.*

3. Nosotros le enseñamos *la cartelera a la reportera.*

4. La locutora le lee *los anuncios al comentarista.*

5. Los reporteros les consiguen *las entradas a los aficionados.*

6. El periodista le trae *el artículo al lector.*

7. Ellos te llevan *la información a ti.*

8. Les subimos *el periódico a las supervisoras.*

13-13 En el estudio de televisión. Everybody is in a hurry at the TV station today. You ask your boss for instructions and she orders you and others to carry them out. Before you have the chance, your friend volunteers to do each task. Follow the model.

MODELO: ¿Le preparo el certamen al anfitrión?
     ► Sí, prepáreselo.
     ► Voy a preparárselo.

1. ¿Les busco la información a los locutores?

_____

_____

2. ¿Les hago las preguntas a los televidentes?

_____

_____

3. ¿Le transmitimos las noticias a la cadena?

_____

_____

4. ¿Le revisamos el programa a la locutora?

_____

_____

5. ¿Les presentamos los actores a la anfitriona?

_____

_____

6. ¿Le escribimos los titulares al locutor?

_____

_____

7. ¿Le doy el reporte al meteorólogo?

_____

_____

8. ¿Le digo la verdad a los televidentes?

_____

_____

13-14 El revés. The general manager of the station comes along and reverses your boss's decisions! Change each response to Exercise 13-13 on the previous page to the negative. Follow the model.

MODELO: ¿Le preparo el certamen al anfitrión?
► No, no se lo prepare.
► No se lo voy a preparar.

1. _____

_____

2. _____

_____

3. _____

_____

4. _____

_____

5. _____

_____

6. _____

_____

7. _____

_____

8. _____

_____

SEGUNDA PARTE

¡Así es la vida!

13-15 La política. Reread the speech on page 443 of your textbook. Answer the questions below with complete sentences in Spanish.

1. ¿Quién es Amado Bocagrande?

_____

2. ¿Qué tipo de candidato es el Sr. Bocagrande?

_____

3. ¿Qué afronta la República de Paloquemado?

_____

4. ¿Qué duda Amado Bocagrande?

_____

5. ¿Qué es importante, según el Sr. Bocagrande?

_____

6. ¿Qué promesas les hace el Sr. Bocagrande a los habitantes de Paloquemado?

_____

7. ¿Cuál es el lema del señor Bocagrande?

_____

¡ASÍ LO DECIMOS!

13-16 Un editorial. What position does Paloquemado's leading newspaper take with regard to the upcoming elections? To find out, complete the editorial. Use the present subjunctive, the present indicative, or the infinitive form of each verb, as necessary.

...Todos los políticos dicen que van a (1) _____ (afrontar) los problemas del

pueblo. También dicen que quieren (2) _____ (mejorar) las condiciones de vida

de los ciudadanos. Para mí, es necesario que ellos (3) _____ (combatir) los problemas más serios ahora mismo. Quiero que ellos (4) _____ (establecer) unos

comités para estudiar estos problemas. También, les sugiero que (5) _____

(eliminar) el desempleo ahora, dándole trabajo a la gente. Así pueden (6) _____

(ayudar) al mismo tiempo en la reconstrucción de las ciudades. No pueden (7)

_____ (prevenir) el desempleo totalmente en el futuro, pero hay que hacer algo

ahora. El desempleo (8) _____ (aumentar) el número de crímenes y causa otros

problemas sociales. Si nosotros (9) _____ (apoyar) a Bocagrande, es importante

que él (10) _____ (resolver) algunos de los problemas más serios...

13-17 ¡A completar! How well can you discuss politics and government? Complete the
statements with words or expressions from **¡Así lo decimos!**

1. En una democracia, el _____ es el líder del país.

2. Una que le da consejos al presidente es su _____ .

3. El _____ es el líder de una ciudad o de un pueblo.

4. La _____ trabaja en una corte y decide cuestiones relacionadas con las

   _____ .

5. Los candidatos hacen _____ elocuentes en los que atacan a sus

   _____ .

6. El líder de una dictadura se llama el _____ .

7. Un representante trabaja en la _____ y un senador en el

   _____ .

8. Antes de las elecciones, siempre hay _____ políticas.

9. El _____ de un gobernador es servir al pueblo.

10. En los Estados Unidos las _____ presidenciales son en noviembre.

13-18 Las promesas. You are running for an important political office. Write eight campaign promises using the terms from the list below.

MODELO: ► Si Uds. me eligen, eliminaré la contaminación del aire.

el aborto   los impuestos
la defensa   la inflación
el crimen   el desempleo
los programas sociales

1. _____
2. _____
3. _____
4. _____
5. _____
6. _____
7. _____

E STRUCTURAS

The conditional and the conditional of probability

13-19 Los políticos. It is an election year. Find out what the politicians are promising the people by writing the correct conditional form of each verb in parentheses.

1. Los representantes les _____ a los empleados un mes de vacaciones. (dar)

2. El senador les _____ el seguro médico a los empleados. (pagar)

3. El gobernador y yo les _____ un plan de retiro. (ofrecer)

4. La juez _____ a todos los criminales en la prisión. (poner)

5. El presidente no _____ los impuestos. (subir)

6. La alcaldesa _____ ayudar a los pobres. (poder)

7. Los diputados _____ mas empleos. (crear)

8. El juez _____ a los criminales. (afrontar)

9. Todos los candidatos _____ más programas sociales. (hacer)

10. Yo _____ todas mis promesas. (cumplir)

13-20 En la campaña. You are at a campaign rally and need to repeat everything to a friend who can't hear what is said. Rewrite each sentence in the past, following the model.

MODELO: Bocagrande dice: — Renunciaré en junio.
        ► Bocagrande dijo que renunciaría en junio.

1. Pocopelo dice: — No subiré los impuestos.

_____

2. Esteban Dido dice: — Habrá muchos aumentos para todos.

_____

3. Armando Líos y su asesor dicen: — Tendremos trabajos todos.

_____

4. Miguel Perezoso y su esposa dicen: — Le pondremos fin al crimen.

_____

5. Los reyes dicen: — Todos vendrán a visitarnos.

_____

6. Tacho y Nacho Malosos dicen: — Haremos todo para el pueblo.

_____

7. Severo Bribón dice: — Saldré a combatir el crimen.

_____

8. Fidelón Felón dice: — No robaré más.

_____

13-21 Preguntas personales. Imagine that you are a candidate for office. Answer the following questions with complete sentences in Spanish.

1. ¿Qué harías con la economía?

_____

_____

2. ¿Qué problemas tratarías de resolver? ¿Cómo los resolverías?

_____

_____

3. ¿Cómo combatirías el crimen?

_____

_____

4. ¿Qué harías para eliminar el desempleo?

_____

_____

5. ¿Qué harías para mejorar el sistema de educación?

_____

_____

13-22 ¿Qué pasó? Your candidate didn't show up for a debate with his or her opponent. What happened? Try to offer excuses using the conditional of probability.

MODELO: olvidarse de la fecha
    ▶ Ella se olvidaría de la fecha.

1. no saber la hora _____

2. tener problemas con su coche _____

3. ir al otro canal de televisión _____

4. perder la dirección _____

5. entender mal a la secretaria _____

6. estar enferma _____

The conditional perfect

13-23 La vida cambia mucho. Tell what these people would have done differently. Use the conditional perfect and follow the model.

MODELO: yo / no votar por él
    ▶ Yo no habría votado por él.

1. mi hermano y yo / no trabajar tanto por ese candidato

_____

2. Raquel y Victoria / hacer campaña por ella

_____

3. Paco / cambiar todo

_____

4. Nosotros / volver a votar por ella

_____

5. Roberto y tú / querer ser sus asesores

_____

6. Mi mamá / dar dinero para su campaña

_____

7. Nuestros abuelos / decirle a Bocagrande que era un dictador

_____

8. Eva y yo / cambiar las cosas

_____

13-24 Un jefe nuevo. Your former boss, Sra. Gómez, whom everyone loved, quit her job. Now you have an austere new boss. Use the conditional perfect to tell what your former boss would have done in the following situations. Follow the model.

MODELO: No recibimos ningún aumento este año.
    ► La Sra. Gómez nos habría dado un aumento.

1. No va a contratar a otra secretaria para nosotros.

_____

2. No ascenderá a Mario.

_____

3. No nos dará más beneficios.

_____

4. Eliminará los otros dos puestos.

_____

5. No reparará las máquinas.

_____

6. Nos bajará el sueldo.

_____

7. Nos escribe malas evaluaciones.

_____

8. Venderá la compañía.

_____

Pero vs. sino

13-25 Habla el pueblo. Find out what the people and candidates want by completing each statement with either **pero** or **sino**.

1. Los trabajadores no desean más impuestos _____ más aumentos.

2. Nosotros queremos elegir a Bocagrande _____ no podemos votar.

3. Evelio y Abilio no pronuncian un discurso _____ que repiten el lema.

4. Mis amigos prefieren más programas sociales _____ no quieren pagar por ellos.

5. Él quiere ser senador _____ teme pronunciar discursos.

6. Ellos no piensan ser representantes _____ gobernadores.

7. No deseamos la dictadura _____ la democracia.

8. No prefiero a este candidato _____ al otro.

9. Me gusta Bocagrande _____ no me gusta su partido.

10. No voy a votar por él _____ por su contrincante.

13-26 El discurso de Bocagrande. Complete Bocagrande's speech with **pero** or **sino**.

Saludos amigos:

Nuestro pueblo busca un nuevo camino (1) _____ tenemos que buscarlo con más entusiasmo. Necesitamos tener más programas sociales (2) _____ no queremos tener más impuestos. No queremos división (3) _____ cooperación. No queremos más crimen (4) _____ más ayuda para combatir el crimen. No les pido que voten por mí (5) _____ por la democracia. Queremos una democracia (6) _____ una democracia que sea para el pueblo. Yo quiero que ustedes me elijan (7) _____ necesito su ayuda. Muchas gracias y salud, salud, salud.

Al fin y al cabo

13-27 El consultorio sentimental. Read the following advice column. Imagine you are Dra. Corazón. Write what your advice would be.

Doctora ♥ Corazón

Dra. Corazón

Yo soy un hombre que viajo mucho por mis negocios. Paso por Miami por lo menos dos veces al mes. Cuando quiero conocer a una mujer, voy a la discoteca que siempre está repleta de personas y está muy cerca de mi hotel. En mi último viaje conocí a una fabulosa dama que es modelo. Quedamos en que nos encontraríamos al día siguiente en un restaurante para cenar juntos. Me dio su número de teléfono y yo le dí el del hotel por si acaso pasara algo y no nos pudiéramos encontrar. Ella nunca apareció ni me llamó. Yo la llamé porque estaba preocupado y me dió una excusa que yo acepté. Volvimos a citarnos para esa noche y otra vez me dejó plantado.

Enojado no me molesté en llamarla, pero un amigo me dijo que quizás algo serio le pasó y que por lo menos debiera yo saber si la mujer estaba bien. Desde el aeropuerto la llamé y resultó que no le pasó nada solamente no quería verme esa noche y no se molestó en llamarme. Le dije horrores de su manera de comportarse conmigo y lo enojado que estaba con ella. Le tiré el teléfono y me olvidé de ella. Acabo de recibir una carta de ella que parece una carta de amor. Quiere saber cuando volveré para recogerme en el aeropuerto y pasar conmigo todo el tiempo que yo quiera. Estas acciones a mí no me parecen normales. ¿Tú entiendes esa carta?

Pedro

_____

_____

_____

_____

_____

_____

_____

_____

_____

13-28 Una carta al editor. Express your point of view on what you consider to be the most pressing political issues of the day. Develop your opinion with supporting information and/or a prediction for the future.

_____

_____

_____

_____

_____

_____

_____

_____

_____

13-29 Tu candidato(a) ideal. Write a short essay describing the ideal political candidate. Be sure to include his/her experience, personal qualities, stands on issues and what you hope he/she will accomplish while in office.

_____

_____

_____

_____

_____

_____

_____

_____

_____

_____

_____

PRIMERA PARTE
¡Así es la vida!

14-1 El impacto de la tecnología. Reread the discussion on page 467 of your textbook and answer the following questions with complete sentences in Spanish.

1. ¿Qué cosas tecnológicas son parte de nuestra vida diaria?

_____

_____

2. ¿Qué efecto ha tenido la tecnología en la América Latina?

_____

_____

3. ¿Quién es Lorenzo Valdespino?

_____

_____

4. ¿Por qué no podría trabajar él sin la computadora?

_____

_____

5. ¿Qué aparatos eléctricos tiene en casa? ¿Para qué los usa?

_____

_____

6. ¿Quién es Hortensia Gómez Correa?

_____

_____

7. ¿Cómo revolucionó la tecnología el trabajo en su oficina?

_____

_____

8. ¿Qué usaban para enviar un mensaje urgente antes? ¿Y ahora?

_____

_____

9. ¿Quién es Adolfo Manotas Suárez? ¿Dónde trabaja?

_____

_____

10. ¿Para qué usa él una computadora?

_____

_____

11. ¿Qué más sabe, gracias a la computadora?

_____

_____

12. ¿De qué otra manera lo ha ayudado la tecnología?

_____

_____

¡ASÍ LO DECIMOS!

14-2 Palabras emparentadas. For each verb below write a noun that can be associated with it from **¡Así lo decimos!**

1. sembrar _____   manejar _____

2. fotocopiar _____   transmitir _____

3. grabar _____   llamar _____

4. programar _____   imprimir _____

14-3 ¡A completar! Complete the following statements with words or expressions from **¡Así lo decimos!**

1. El banco está cerrado pero puedo usar el _____ para sacar dinero.

2. Hoy no es necesario esperar las llamadas telefónicas porque el _____ puede _____ todos los mensajes.

3. Yo acabo de comprar un _____ y me gusta mucho. Puedo hablar con mis amigos desde el jardín.

4. A mi esposo le gusta mucho la _____ , porque puede ver muchos partidos que no se transmiten por los canales.

5. La _____ de manzanas será muy buena este año.

6. Para hacer correctamente mis cuentas, tengo que usar una _____ .

7. A mí me gusta mucho la _____ porque ahora ya no es necesario ir al cine para ver una película.

8. Mi amigo es agricultor. Trabaja en la _____ de su padre. Me dice que hoy en día no es necesario _____ _____ todos los trabajos porque hay mucha _____ _____ nueva.

9. Antes compraba discos o cintas de mi música favorita. Hoy compro _____ _____ .

10. No lo pude ver en la _____ de mi microcomputadora.

14-4 La computadora y sus accesorios. Identify each numbered item in the illustration below. Then write sentences using the words.

1. _____

_____

2. _____

_____

3. _____

4. _____

5. _____

6. _____

14-5 El templo de la tecnología. Read the advertisement and answer the following questions with complete sentences in Spanish.

1. ¿Qué equipos electrónicos se venden?

_____

_____

2. ¿Qué se puede hacer por 32,000 pesetas?

_____

_____

3. ¿Cómo se puede recibir un regalo?

_____

_____

BYTES Y RAMS
INFORMATICA, S.L.
TEMPLO DE LA TECNOLOGÍA

Desubre al Dios
PENTIUM • 100MHz
Por 180.240. pts

Móntate un "Templo"
MULTIMEDIA
Por 44.640. pts.

Convierte tu ordenador
en un potente
486DX4-100MHz
Por solo 32.000.- Pts.

Visita nuestra estación
Multimedia
¡Recibirás un regalo!

Ofertas inmejorables
en impresoras
HP, Epson, Etc.

• Garantía 2 años
• Financiación hasta 36 meses
• Servicio Técnico Integral

TFNS: 435 22 81   907-70 05 68
C/ Príncipe de Vergara, No 43 Ent- 28001 MADRID

4. Además de un regalo, ¿qué otras cosas ofrece la tienda?

_____

_____

5. ¿Cómo se llama la tienda y cuál es su dirección y número de teléfono?

_____

_____

_____

ESTRUCTURAS

The present perfect subjunctive

14-6 Mi amiga Olga. Your friend Olga is quite trusting while you tend to have your doubts about people. Respond to Olga's suppositions using the present perfect subjunctive and the cues provided. Follow the model.

MODELO: Es seguro que Marcos se ha comprado una videograbadora esta tarde. (Dudo)
  ► Dudo que se la haya comprado.

1. Creo que el electricista ha hecho el trabajo hoy. (No estoy seguro)

_____

2. Creo que Marcos ha apagado la computadora esta tarde. (No es cierto)

_____

3. Me imagino que el jefe ya ha instalado las computadoras nuevas. (Niego)

_____

4. ¡Por fin el técnico ha arreglado la fotocopiadora! (No es verdad)

_____

5. ¿Es verdad que los otros empleados han usado el programa? (Dudo)

_____

6. ¡Qué bien que Marcos ha escrito la carta a la compañía! (Es dudoso)

_____

7. Es cierto que ellos han enviado el mensaje por fax. (No creo)

_____

8. ¡Menos mal que Sandra ha grabado la información! (No es cierto)

_____

14-7 Situaciones en la oficina. How does everyone think things are going in the office? Form complete sentences using the present perfect subjunctive and the cues provided. Make all necessary changes and follow the model.

MODELO: Yo / esperar / Ana / arreglar / máquina
  ► Yo espero que Ana haya arreglado la máquina.

1. El jefe / alegrarse de / nosotros / comprar / otro / computadoras

_____

2. Nosotros / no creer / técnico / instalar / programa / nuevo

_____

3. Marta / dudar / tú / aprender / usar / el cajero automático

_____

4. Yo / esperar / fax / transmitir / nuestro / mensaje / correctamente

_____

5. Ellos / no pensar / la fotocopiadora / ser / arreglar / todavía

_____

6. Tú / insistir en / empleado / calcular / bien / cuentas

_____

7. Yo / prohibir / tú / poner / información / disquete

_____

8. Enrique / temer / gerente / oír / mensaje / contestador automático

_____

14-8 Opiniones sobre la tecnología. Complete these opinions about technology with the present perfect subjunctive or indicative, as needed.

1. Creo que las computadoras _____ necesarias. (ser)

2. No es seguro que la tecnología nueva nos _____ . (ayudar)

3. Dudo que las compañías _____ mucho. (cambiar)

4. Es verdad que los agricultores _____ mucho con la maquinaria agrícola. (cosechar)

5. Es cierto que muchos niños _____ sus trabajos en una computadora. (hacer)

6. Espero que nosotros _____ la información en la computadora. (buscar)

7. Creo que las videograbadoras _____ una necesidad. (ser)

8. Pienso que la tecnología _____ las condiciones de trabajo. (mejorar)

9. Es obvio que la tecnología _____ muchos problemas. (resolver)

10. No hay duda de que los técnicos _____ muchas microcomputadoras por el mundo. (instalar)

11. Creemos que el disco compacto _____ la música perfectamente. (reproducir)

12. ¡Ojalá que las calculadoras les _____ mucho a los niños! (enseñar)

13. No es verdad que todas las computadoras _____ (funcionar) perfectamente.

14. Es imposible que las impresoras _____ frecuentemente. (romperse)

15. El gerente espera que muchos empleados _____ a la universidad para aprender a usar la computadora. (volver)

The subjunctive or indicative with adverbial conjunctions

14-9 Una jefa exigente. You and your friends work as interns at a computer firm and have a demanding supervisor. Here is what she says. Complete each statement with the correct form of the verb in parentheses.

1. Guillermo, encienda la computadora antes de que nosotros _____ a trabajar. (empezar)

2. Pedro Arturo, ponga la información a fin de que la compañía _____ la información. (tener)

3. Amalia y Zenaida, calculen las cuentas a menos de que el gerente les _____ que no. (decir)

4. Martín y Catalina, impriman bien los números en caso que ustedes los _____ . (necesitar)

5. Ramón y tú lean bien las instrucciones para que no _____ errores. (haber)

6. Tú no hagas nada sin que yo lo _____ . (saber)

7. Ustedes no comiencen el trabajo a menos que yo _____ la información. (buscar)

8. Yo los voy a ayudar con tal que todos ustedes _____ aprender. (querer)

14-10 Un problema con la tecnología. Using the conjunctions in parentheses, combine each pair of statements to discover what problems Monguito encounters with technology. Use the present indicative or present subjunctive and follow the model.

MODELO: Monguito irá al banco. Sale del trabajo (después de)
► Monguito irá al banco después de que salga del trabajo.

1. Normalmente, él entra en el banco. Recibe su cheque. (cuando)

_____

2. Él va a usar el cajero automático. Llega al banco. (tan pronto como)

_____

3. Él firmará su tarjeta. Deposita el cheque. (antes de)

_____

4. Él saca una calculadora. Así sabe el dinero que tiene en el banco. (para que)

_____

5. El cajero automático hace mucho ruido. Pone su tarjeta. (en cuanto)

_____

6. Monguito necesita entrar en el banco. El cajero sabe que no funciona el cajero automático. (a fin de que)

_____

_____

7. Él no se quiere ir del banco. Alguien le devuelve su tarjeta. (sin que)

_____

8. Él tiene que esperar un rato. El técnico repara la máquina. (hasta que)

_____

9. Otro empleado le dice que no es necesario esperar. Él querer llevarse la tarjeta ahora mismo. (a menos que)

_____

_____

10. Monguito decide salir. El banco le envía la tarjeta a su casa. (con tal que)

_____

14-11 En la oficina. Who does what in the office? Rewrite each statement by changing the first verb to the future and making any other necessary changes. Follow the model.

MODELO: Hablé con él cuando pude.
      ► Hablaré con él cuando pueda.

1. Yo transmití la información mientras ella calculó el precio.

_____

2. Contamos el dinero hasta que el jefe llegó.

_____

3. Ana fotocopió la información cuando tuvo tiempo.

_____

4. Imprimieron el folleto aunque ella lo diseñó.

_____

5. Encendió la computadora luego que entró.

_____

6. El técnico instaló la fotocopiadora tan pronto como recibió el dinero.

_____

14-12 La tecnología. Complete each statement below with the subjunctive, indicative, or infinitive form of the verb in parentheses.

1. Usarán el fax para que él _____ el mensaje inmediatamente. (conseguir)

2. A fin de que usted _____ el precio de la computadora, necesita hablar con

   el gerente. (calcular)

3. Explícasela para que ella _____ usar la computadora. (saber)

4. El contestador automático recibirá los mensajes sin que tú _____ en casa.

   (estar)

5. Antes de _____ la microcomputadora, es necesario aprender a usarla.

   (comprar)

6. Podremos darte la información con tal de que él nos la _____ . (dar)

7. La calculadora se rompió tan pronto como él la _____ . (encender)

8. El jefe esperó aquí hasta que tú _____ el disquete. (encontrar)

9. Diseñaré el programa en cuanto (yo) _____ la información. (recibir)

10. El agricultor usará la maquinaria agrícola cuando _____ . (llegar)

11. No puedes fotocopiar el documento sin _____ la fotocopiadora. (encender)

12. No voy a instalar la videograbadora hasta que tú me la _____ . (explicar)

13. Aunque la computadora _____ mucho, valdrá la pena. (costar)

14. Tan pronto como el técnico _____ el cajero automático, vamos a usarlo.

    (instalar)

15. Apagaron la máquina después de que ella _____ . (salir)

SEGUNDA PARTE
¡Así es la vida!

14-13 Hablan los jóvenes. Reread the opinions of the people on page 481 of your textbook and indicate whether the following sentences are true **C** (**cierto**) or **F** (**falso**). If a statement is false, cross out the incorrect information and write the correction above it.

1. A los jóvenes de Hispanoamérica no les importa el medio ambiente.   C   F

2. No hay mucha industria en estos países.   C   F

3. Los gobiernos de estos países no se han preocupado mucho por el   C   F

   medio ambiente.

Liliana Haya Sandoval

4. La contaminación del aire no es un problema en la Ciudad de México.   C   F

5. Los carros y los camiones producen mucha contaminación.   C   F

6. Respirar el aire de la Ciudad de México no causa problemas.   C   F

7. El gobierno no toma las medidas necesarias para resolver el   C   F

   problema de la contaminación.

María Isabel Cifuentes Betancourt

8. El problema de enfermedades epidémicas no existe en   C   F

   la América del Sur.

9. La contaminación del agua causa el cólera.   C   F

10. Es necesario mejorar las medidas de higiene para eliminar el cólera.   C   F

Fernando Sánchez Bustamante

11. Un problema importante en Costa Rica es la pérdida de los árboles.   C   F

12. Hoy el 50% del país está cubierto de bosques tropicales.   C   F

13. La producción de oxígeno depende de la región tropical.   C   F

14. El gobierno costarricense controla estrictamente el desarrollo industrial.   C   F

14-14 ¡A escribir! Write a complete sentence that shows the meaning of each word below.

basurero	lluvia ácida	atmósfera	desecho
escasez	energía	contaminación	fábrica

1. _____

2. _____

3. _____

4. _____

5. _____

6. _____

7. _____

8. _____

14-15 ¡A completar! Complete each statement below with a word or expression from **¡Así lo decimos!**

1. En vez de arrojar todos los desechos, hay que organizar un programa de _____.

2. Si una fábrica no obedece bien las leyes contra la contaminación, hay que ponerle una

   _____ .

3. El agua, el aire y las selvas forman parte de la _____ .

4. Si hay muy poco de alguna cosa, se dice que hay _____ de esa cosa.

5. Según muchos, la gente de los EE.UU. tiene que aprender a _____

   _____ menos y a _____ más.

6. Si la despoblación forestal es un problema, hay que empezar un programa de

   _____ .

7. Si se escapa _____ de una fábrica, puede contaminar el aire.

8. Para conservar más, la ciudad de Seattle decidió _____ un programa

   enorme de reciclaje.

9. Si ocurre un accidente en una planta nuclear, a veces la _____ se escapa al

   aire.

10. La _____ para controlar la despoblación forestal es multar las organizaciones

    que destruyan los bosques.

Nombre: _____   Fecha: _____

14-16 Cuestionario. What are your thoughts about the environment and how to improve it? Answer the questions below with complete sentences in Spanish.

1. ¿Cuál es el problema más serio que afecta al medio ambiente?

   _____

2. ¿Qué soluciones puedes ofrecer?

   _____

3. ¿Cómo se pueden proteger los bosques y las selvas tropicales?

   _____

4. ¿Qué prefieres: desarrollar la energía solar o continuar con las plantas nucleares? ¿Por qué?

   _____

5. ¿En qué circunstancias se debe ponerle una multa a una industria?

   _____

ESTRUCTURAS

The imperfect subjunctive

14-17 Recomendaciones para mejorar el medio ambiente. You just attended a conference on environmental issues and are telling your friends about it. Complete each statement with the imperfect subjunctive form of the verb in parentheses.

1. El señor nos dijo que:

   _____ más energía. (conservar)

   _____ tantos deshechos. (no arrojar)

   _____ menos petróleo. (consumir)

   _____ el planeta. (proteger)

2. Insistió en que cada ciudad:

   _____ un programa de reciclaje. (tener)

   _____ a algunas fábricas. (multar)

   _____ a la población la importancia del reciclaje. (explicarle)

   _____ a la contaminación del medio ambiente. (no contribuir)

3. Quería que todos los niños:

_____ a conservar energía. (aprender)

_____ a un programa de reciclaje. (asistir)

_____ informados sobre la repoblación forestal. (estar)

_____ algo por el medio ambiente. (hacer)

4. Dudaba que nosotros:

_____ eliminar totalmente la contaminación. (poder)

_____ participar en la conservación. (no querer)

_____ del programa a nuestros amigos. (no hablarles)

_____ contaminando el planeta. (seguir)

14-18 Un informe. Retell what you heard at the conference. Change the first verb to the imperfect in sentences 1-5 and to the preterite in sentences 6-10. Make any other necessary changes and follow the model.

MODELO: El líder quiere que consumamos menos petróleo.
▶ El líder quería que consumiéramos menos petróleo.

1. Él espera que los gobiernos sepan primero que hay un problema.

_____

2. Él quiere que les escribamos a nuestros senadores.

_____

3. También espera que todos aprendan algo de los resultados de la contaminación.

_____

4. Duda que se pueda resolver la situación inmediatamente.

_____

5. Teme que no haya muchas soluciones disponibles.

_____

6. Nos dice que empecemos un programa de reciclaje en el barrio.

_____

7. Recomienda que comencemos con un grupo pequeño.

_____

8. Insiste en que yo sea el líder del grupo.

_____

9. Nos pide que le digamos los resultados.

_____

10. Sugiere que todos participen para que tengamos éxito.

_____

14-19 Varias opiniones. Here are various opinions concerning the environment. Complete each one with the present or imperfect subjunctive form of the verb in parentheses.

1. Es bueno que nosotros _____ más. (conservar)

2. Me alegré de que tú _____ que existía un problema. (ver)

3. Los oficiales preferían que los gobiernos _____ en los programas de reciclaje. (participar)

4. Dudábamos que otros países _____ más para mejorar el medio ambiente. (hacer)

5. No creo que _____ un problema. (haber)

6. Mis amigos lamentaron que no se _____ nada contra el cólera. (hacer)

7. El líder del grupo insiste en que todos _____ la educación de los niños en la escuela. (emprender)

8. Los senadores querían que la gente le _____ cartas al presidente. (escribir)

9. Siento que nosotros no _____ el planeta. (proteger)

10. Mi esposo espera que no _____ más el agua. (contaminarse)

11. No pienso que se _____ suficientemente las fábricas que contaminan el medio ambiente. (multar)

12. El señor tenía miedo de que _____ más radioactividad. (producirse)

13. Los niños deseaban que el gobierno _____ más énfasis en la protección del medio ambiente. (poner)

14. Mi profesor me pide que le _____ la información que tengo sobre la repoblación forestal. (traer)

15. Fue indispensable que todos los países _____ cuenta de los problemas. (darse)

The pluperfect subjunctive

14-20 ¡A cambiar! Change the following statement from the present to the past. Follow the model.

MODELO: Dudo que haya vuelto el presidente.
► Dudaba que hubiera vuelto el presidente.

1. Es malo que la niña se haya enfermado de la contaminación.

_____

2. Tengo miedo de que el gobierno no haya multado a la fábrica.

_____

3. El gobierno prefiere que las fábricas hayan obedecido las leyes.

_____

4. Espero que hayamos protegido la naturaleza.

_____

5. Los médicos no creen que la contaminación haya causado la enfermedad.

_____

6. Sentimos que todos los países hayan arrojado tantos desechos en el lago.

_____

7. Dudo que el reportero haya escrito el artículo.

_____

8. Los científicos no piensan que la fábrica haya contribuido a la despoblación forestal.

_____

14-21 ¡Ojalá qué! You wish that some things that happened would never have occurred. Use the pluperfect subjunctive of the verbs in parentheses.

1. ¡Ojalá no _____ un accidente en Chernobyl! (haber)

2. ¡Ojalá que los ecuatorianos no _____ problemas con el cólera! (tener)

3. ¡Ojalá que las compañías no _____ tantos árboles en Costa Rica! (destruir)

4. ¡Ojalá que el gobierno no _____ una planta nuclear en Pennsylvania!

   (construir)

5. ¡Ojalá que los políticos en Chernobyl no _____ tan irresponsables! (ser)

6. ¡Ojalá que los supervisores no _____ los deshechos nucleares en el mar! (echar)

7. ¡Ojalá que el accidente del Challenger no _____ ! (ocurrir)

8. ¡Ojalá que nosotros no _____ la bomba atómica! (inventar)

The indicative or subjunctive in *si* clauses

14-22 Una conversación entre amigos. Complete the conversation between Toño and Sara, filling in the blanks with the correct form of the verbs in parentheses.

TOÑO: No vamos a resolver nada si tú no me (1) _____ . (escuchar)

SARA: Tienes razón, chico. Voy a escucharte ahora si (2) _____ . (querer)

TOÑO: Bueno, no tendríamos tanta contaminación si (3) _____ mejor la naturaleza. (haber proteger)

SARA: Sí, pero si no (4) _____ la industria, no seríamos tan ricos. (haber desarrollar)

TOÑO: Pero si no tenemos un planeta donde vivir, el dinero no (5) _____ nada. (valer)

SARA: Sí. ¿Crees que si todos nosotros (6) _____ a conservar más ahora, podemos salvar el planeta? (empezar)

TOÑO: No sé. Si todos (7) _____ en eso antes, no tendríamos que discutirlo ahora. No tengo mucha confianza. Y si tú y yo, solamente dos personas, no _____ ponernos de acuerdo, ¿cómo podrán todas las naciones del mundo? (haber pensar /poder)

14-23 ¡A cambiar! Change the following statement to show contrary-to-fact situations. Follow the model.

MODELO: Si veo basura en la calle, la pondré en un recipiente.
   ► Si viera basura en la calle, la pondría en un recipiente.

1. Si sé que una compañía contamina un lago, llamaré a la policía.

   _____

2. No nadarás más en el lago si te sientes mal.

   _____

3. Se conservará el medio ambiente si no se lo contamina.

   _____

4. Si puedo ir a la conferencia, vendré a tu casa a las seis.

   _____

5. Si quiero asistir al programa, tendré que examinarlo primero.

   _____

6. Las plantas nucleares serán más seguras si no producen tanta radioactividad.

   _____

14-24 Tus opiniones. Say what you would do in each situation by completing the statements below with vocabulary from this lesson.

1. Si tuviera más tiempo, _____

2. Yo les escribiría a mis senadores si _____

   _____

3. Si una fábrica contaminara el medio ambiente en mi pueblo, yo _____

   _____

4. Yo trataré de consumir menos si _____

   _____

5. Si yo hubiera llegado más temprano, yo _____

   _____

6. Si puedo ayudar a conservar el planeta, _____

   _____

7. Yo no arrojaría basura en la calle si _____

_____

8. Yo consumiré menos electricidad en casa si _____

_____

9. Si yo hubiera sabido lo de la contaminación antes, _____

_____

10. Yo usaría menos petróleo si _____

_____

SÍNTESIS
Al fin y al cabo

14-25 Un(a) idealista. Write ten things you would do in order to change the world.

Yo podría cambiar el mundo si … _____

_____

_____

_____

_____

_____

_____

_____

_____

_____

_____

_____

_____

14-26 La tecnología y el medio ambiente. Can technology coexist with the environment? Write an essay describing your position on this issue. In the first paragraph discuss technology, its benefits and its problems. In the second paragraph, discuss how technology affects the environment. In the last paragraph, discuss any solutions or recommendations you have.

_____

_____

_____

_____

_____

_____

_____

_____

14-27 Si fueras presidente ... Write a paragraph describing what you would do about the environment if you were president.

_____

_____

_____

_____

_____

_____

_____

_____

_____

_____

_____

_____